银行营销实训系列

U0503385

营销流程与技巧

宋炳方 著

经济管理出版社
ECONOMY & MANAGEMENT PUBLISHING HOUSE

关于本丛书的几点说明

一、本丛书以银行营销人员为主要阅读对象，以可操作性和时间性为着力点，围绕"如何做营销"（营销方法）和"用什么做营销"（银行产品）两大主题组织内容，基本涵盖了银行营销人员开展业务所需的主要方面。

二、本丛书的部分内容以我曾公开出版过的著作为底本，纳入丛书时，做了相应的修改与完善。

三、本丛书参考了众多金融类和非金融类图书，并得到了众多金融同业人士的帮助与指点，在此深表谢意。不当之处，亦敬希谅解。

四、本丛书利用业余时间完成，时间较紧，加之水平有限，肯定仍有不甚完善之处，今后如有机会将再加以认真修订。

五、为广大银行营销人员提供更多、更有价值的帮助，是作者多年以来的心愿，希望本丛书的出版能达到该目标。

六、本丛书各册内容简介如下：

1.《营销方法新说》：本书基于中国历史文化传统，立足于中国当前社会现实，提出了一种用来知道银行营销人员如何开展营销工作的新框架，并分析了这一营销框架的运作基础。本书还提供了知道"个人"开展营销工作的具体策略。

2.《营销基础述要》：本书尽可能详细地介绍了银行营销人员应该掌握的基础内容，包括：客户经理制度、学习方法、素质提升方法、银行产品分类、营销工作规则、金融学及管理学等基础知识。

3. 《营销能力训练》：本书对银行营销人员营销技能类别及内容、作为营销技能提升重要途径的案例整理与观摩分别进行了介绍，并附大量试题提供读者自测使用。

4. 《营销流程与技巧》：尽管银行营销人员的营销工作是高度个性化的，但了解营销工作的一般流程仍非常必要。本书将客户营销流程概括为确定客户拓展战略、搜寻和确定目标客户、摆放客户、围绕目标客户调研、识别关系维护众八个依次进行的环节，并对每个环节中应该掌握的工作技巧进行了介绍。

5. 《授信与融资》：本书在介绍授信知识及其操作要求的基础上，对流动资金贷款、法人账户透支、固定资产贷款、项目贷款、银团贷款、并购贷款、杠杆贷款、信贷资产转让等常见的融资产品进行了介绍。此外，本书还专门分析了房地产融资这一银行当前非常重要的业各品种，并对银行如何向政府平台公司、普通高等院校、船舶制造企业、文化创意企业和中小企业等具有一定特殊性的客户提供融资服务进行了介绍。

6. 《票据融资》：本书在介绍商业汇票理论知识的基础上，对普通商业汇票贴现、买方与协议付息票据贴现、无追索权贴现、承兑后代理贴现、承兑与无追索权贴现组合、商业汇票转贴现与再贴现等票据融资具体业务品种进行了重点介绍。

7. 《供应链融资》：本书首先介绍了供应链及供应链融资的基础知识，然后分权利融资、传统贸易融资和新型贸易融资三部分对特别适合于向中、小企业提供的融资品种进行了介绍。

8. 《信用金融》：本书主要介绍了承兑、开征、保函、承诺与代理五大类信用金融业务。

9. 《智慧金融》：智慧金融与融资、信用金融相辅相成，构成了完整的银行业各体系。本书重点介绍了财智管理、顾问咨询和同业合作三大类智慧金融业各。

前　言

　　读过党史的人都知道，党在发展过程中曾有反对经验主义和教条主义这一说。一些在与国民党进行武装斗争、建设革命根据地过程中成长起来的革命者往往从狭隘的个人经验出发来从事革命工作，而一些从国外留学归来、对中国国情不十分了解的革命者往往从书本、教条和理论出发来从事革命工作。两者都不利于中国革命的进步，甚至对革命事业造成了严重的损害。为此，我们党对经验主义和教条主义开展了严肃的批判。之后，党的事业便突飞猛进，很快就打败了国民党反动派，建立了中华人民共和国。

　　我们党反对经验主义和教条主义这段历史对我们从事银行营销工作有很大的启示。银行营销人员也容易犯经验主义和教条主义的错误。经验主义错误主要体现在一些老员工身上，他们认为自己有一定的营销业绩，个人营销经验足够了，用不着什么营销理论作指导；教条主义错误则主要体现在一些新入行员工或高学历员工身上，他们自认为受到科班教育，理论知识丰富，考虑问题及从事具体营销工作爱从"本本"、"理论"出发。两者造成的后果都很严重，前者往往使得营销业绩止步不前，后者可能连营销业绩也做不出来。所以，我们做银行营销的，也应反对经验主义和教条主义。具体来说，主要就是既要懂得营销理论，善于用营销理论分析营销实践问题，并学会用营销理论来指导营销实践，又要善于总结经验，充分发挥营销经验在银行营销工作中的作用。

本书从营销实践中总结出客户营销工作应该遵循的一些带有规律性的东西，用这些带有规律性的东西来指导我们的营销实践。实际上，也只有在遵循这些带有规律性的东西的基础上，我们的营销工作才能做到事半功倍。在本书中，我提出了银行营销人员开展业务应该遵循和使用的基本程序，它仅是对客户营销实践的一般性概括和总结，并不会妨碍银行营销人员在工作中的创造性。在营销实践中，银行营销人员有时可能越过基本流程的某一环节，有时又必须重复某个环节。一般而言，客户营销的业务流程主要由以下环节构成：①确定客户发展战略；②搜寻和选定目标客户；③拜访客户；④围绕客户进行调研；⑤识别客户风险；⑥评估客户价值；⑦与客户建立合作关系；⑧客户关系的维护。围绕流程的不同环节，本书还提供了一些具体的操作技巧，供银行营销人员揣摩运用。

对于不同的银行营销人员而言，营销方式方法不尽相同。营销不同的客户时，不同营销人员的营销方式、方法也会不一样。换句话讲，客户营销是个高度个性化的事情，不可能千篇一律。如果千篇一律，营销工作是不会取得好成效的，所以，各位银行营销人员尤其是新入行的营销人员在运用本书构建的框架进行营销工作时，一定要发挥主观能动性，要善于个性化地从事银行营销工作。

目　录

第一章
确定客户发展战略

　　战略，简单地说就是把银行能够做什么（银行的优势与劣势）与可能做什么（环境的机遇与威胁）画上等号。对银行的客户发展战略而言，可理解为是着眼于长远、适应银行内外形势而做的关于客户营销工作的指导性发展规划，它指明在竞争环境中客户拓展工作的生存态势、营销方针和发展方向，进而决定了银行及其客户经理最重要的工作内容与竞争方式。在银行竞争已达白热化的今天，大凡能够取得成功的公司，在事关银行客户拓展方向的综合决策方面，总有着相对一贯而又适应变化的战略规划。

第一节　竞争环境与内部条件分析

一、竞争环境分析

（一）竞争环境的一般分析

商业银行的竞争环境是指影响商业银行发展的各种外部因素，根据不同标准可进行不同的分类。根据影响程度，可以分为强环境和弱环境；根据存在的空间状态，可以分为近环境和远环境；根据表现形态，可以分为潜在环境和显在环境；根据与银行经营的紧密程度，可以分为直接环境和间接环境。

一般而言，影响银行客户拓展战略制定的环境因素主要包括：

1. 经济形势

宏观经济形势、区域经济形势和行业经济形势是银行经营的主要外部环境。经济处于快速发展时期，银行的扩展欲望也非常强烈；经济处于调整时期，一般也是银行信贷紧缩的时期。对银行来讲，其主要客户所在区域、行业的竞争状况、发展水平、结构特点对其战略的制定更为重要。判断经济形势时，经济增长速度、物价上涨速度、进出口贸易额、社会总投资额、消费水平、市场前景等指标也较重要。

2. 政府管制

在我国，银行业是政府管制相对较多的行业，且处在金融分业监管的大框架下，因此，银行的客户拓展战略必须置于这一大环境的约束之下。具体到一家银行，受资本充足率高低的影响，其业务开展范围、能够准入的市场领域都会受到程度不同的影响。扩展一步讲，社会稳定程度、政府的施政纲领与政策导向、政府官员的办事作风、司法建设进度与成效、政府机构运作方式等，也影响着银行的经营。

3. 市场经济发展水平

市场经济发展程度高，也要求银行必须以市场的手段来解决市场中遇到的问题；而在市场经济处于初步发展阶段时，银行客户战略的制定往往要考虑更多的非市场因素。

4. 金融市场发育状况

银行活动的重要领域包括产业市场和金融市场。金融市场的成熟程度与波动程度决定了银行在这个市场中生存的难易程度。如果金融市场上交易工具完备、运行机制完善、交易规则科学、交易行为透明，则银行在其中运行的能动性与效果就会显著增强。

5. 社会与文化环境

客户分布与构成、消费习惯、文化习俗、主流价值观等构成了银行经营的社会文化环境。比如思想较为保守、风险意识较弱的地方，接受银行新产品的阻力就会较大；而开拓意识强的地区，对新事物的接受能力就较强。

6. 经济发展趋势

企业只是经济大环境中的一员，对经济发展趋势往往无能为力，因而必须考虑经济发展趋势对自己的影响。当考虑长期经济趋势时，应关注产品生命周期，也就是说，当考虑经济发展趋势和行业走向时，应判断自己的产品处于产品生命周期的哪个阶段。如果希望企业发展壮大，就应使自己的产品尽可能踏上高速发展的节拍。

7. 所在行业状况

行业是一个企业最直接的竞争环境，应分析影响出入该行业的障碍主要有哪些，行业规模大小，行业利润水平，行业生命周期，谁在控制该行业的分销渠道，你所在的企业能否成为行业前三名，行业的盈利能力等情况。

（二）竞争对手分析

银行的竞争对手有直接和间接以及显在和潜在之分。就直接竞争对手来讲，主要是其他银行，尤其是那些在资产规模、客户范围、产品门类等方面大致相当的银行；就间接竞争对手来讲，主要是指那些有可能从银行手中分流客户的竞争对手。例如，证券公司推出一项理财产品往往会分流走一部分银行资金，有新股上市往往也会暂时分流一部分银行资金。就显在竞争对手来讲，主要指那些现实中业已存在、对本银行市场行为产生直接威胁的竞争对手；就潜在竞争对手来讲，主要指那些目前对本银行尚未构成直接威胁，但未来有可能产生影响的竞争对手。例如，一家实力明显不如本行的银行在被某家大银行兼并后会实力大增、某家区域性银行在获得监管部门同意后可在全国范围内扩张。

对竞争对手进行分析的目的在于做到"知己知彼"，借以判断本银行推出某项市场举措后竞争对手可能作出的反应、反应的方式、激烈程度、应对举措。分析可主要从对竞争对手的未来目标、对市场的认识、经营历史、现行战略与竞争能力等方面进行。

1. 哪些能成为自己的竞争对手？

市场中有很多企业，能成为自己竞争对手的企业有哪些？这需要着重回答以下问题：

（1）哪些企业是本行业的龙头企业？

（2）国内、国外有哪些和自己企业类似（资产、人数、销售额等）的企业？

（3）在竞争对手公司中对自己构成战略威胁的人物是谁？

（4）哪些是区域性或地方性竞争对手？

（5）现有竞争对手中哪些可能走向合并？

（6）现在的供应商和销售商中哪些可能走向合并？

（7）竞争对手的主要财务数据是什么？

（8）竞争对手对它们自己在行业中的地位满意吗？

（9）如果对自己的地位不满意，竞争对手可能会采取哪些战略行动？

（10）你认为自己公司的何种行动会引起竞争对手的激烈反应？

（11）竞争对手最大的优势和劣势各是什么？

2. 竞争对手的目标

分析竞争对手的目标，有助于了解竞争对手对其目前地位和财务状况是否满意，从而推测该竞争对手是否将采取措施以寻求改变，有助于本银行选择一个既相对有利又不至于引起竞争对手激烈反应的策略。对竞争对手目前和未来目标的分析内容包括：

（1）竞争对手的财务目标是什么？如何权衡长期业绩与短期业绩、利润与收入增长的关系？

（2）竞争对手对风险持何种态度？其核心价值观是什么？是否企图在市场中成为领导者或行业代言人？

（3）竞争对手的法人治理结构和内部控制机制是否健全？组织结构中是否设有独立的信贷审查部门、风险管理部门、市场拓展部门和产品研发部门？现有的激励约束系统是如何运作的？管理人员与员工的收入差距有多大？业绩如何考评？

（4）竞争对手的领导班子及市场人员由哪些人构成？他们的背景与经历如何？他们显著强调的是什么？在招聘新员工时，他们最关注什么？

（5）竞争对手总部的目标与具体业务单位的目标是否一致？如果不一致，是如何协调的？

3. 竞争对手的认识

竞争对手对产品、成本、技术先进性、人力资源、市场态势、决策能力等方面的认识指导着其行为方式和对外界的反应方式。比如，竞争对手如果认为老人对银行与证券相结合所形成的产品将有快速增长的需求，那么他将会花大力气研发并尽快向市场推出该产品。

4. 竞争对手的经营历史

了解竞争对手的经营历史有助于把握其经营目标的形成过程。客户经理在对竞争对手的经营历史进行了解时，可主要关注以下问题：

（1）与过去相比，竞争对手的财务状况、市场占有量、产品创新速度、人才招聘计划、广告投放力度是否发生变化？其最值得吸取的教训及最值得学习的经验是什么？最能影响竞争对手发展道路的事件是什么？

（2）竞争对手在哪些方面表现出众？在过去对本行采取的行动是如何作出反应的？其危机处理能力如何？对突发事件采取何种反应模式？

（3）竞争对手高级领导层的职业背景如何？在这些高级领导人的生活早期，发生过哪些影响其思维方式、发展道路的重大事件？他们发表或出版过哪些重要言论、文章或书籍？

5. 竞争对手的现行战略

分析竞争对手现行战略的有效方法是把竞争对手的战略看成业务中各职能领域的关键性经营方针的汇总。在实际运行中，有的竞争对手可能有非常明确的战略，长期以来孜孜不倦地追求既定战略的实施效果，但的确也有竞争对手并无清晰的战略，多年来在市场中摇摆不定。

6. 竞争对手的能力

竞争对手的目标、认识、经营历史和现行战略会影响其对本银行市场行动反击的可能性、时间、性质及强烈程度，而其强项和弱项将决定其发起或反击的能力。分析竞争对手的强项和弱项可从以下四个方面进行：

（1）产品。包括产品的市场领先程度、在客户心目中的地位、是否附加了其他配套性服务、是否推出了一种新产品、推出新产品的速度、新产品的竞争力、手续费减免政策、产品销售渠道是否多元、有何特点以及产品系列的深度和广度。

（2）网点覆盖程度、设置特点、实力及中后台部门为一线部门服务的能力。

（3）客户经理在营销组合诸方面的技能水平、研究创新能力。

（4）成本控制水平、财务实力、综合管理能力与面向客户时的协调配合能力。

在对竞争对手能力的分析中，尚需了解其核心竞争力是什么？成长能力、快速反应能力、适应变化的能力如何？在现金储备、流动性管理、投资组合等方面支撑市场压力的能力如何？

（三） 竞争环境的机会与威胁分析

竞争环境既可能给银行的客户拓展工作带来市场机会，也可能带来环境威胁。消除威胁、利用机会应是客户经理本能的市场反应。对竞争环境的机会——威胁分析一般可采用"矩阵图"方法进行。矩阵的纵向表明机会水平的高低，横向表明威胁水平的高低，那么在矩阵内部就可根据机会、威胁水平不同划分出不同的区间。典型的区间有四个：

（1）理想的区间，即机会高、威胁低的区间；

（2）风险的区间，即机会和威胁都较高的区间；

（3）成熟的区间，即机会和威胁都较低的区间；

（4）处于困境的区间，即机会低、威胁高的区间。

对上述四区间，还可做进一步的细分。

在大多数情况下，威胁与机会总是互为因果的：如果找到了其中一个，那么另一个肯定就隐藏在附近。对市场经验丰富的银行客户经理来讲，往往把威胁看成机会，即通过避开威胁的方法来寻找机会。威胁的信号主要有：存款市场份额下降、客户基础减少、贷款缺乏市场渗透力、客户认知度下降、不良资产增加、业务宣传不充分、与客户出现摩擦、客户不满增加、广告促销效果不明显、贷款审查程序拖延、银行声誉不佳等。当上述信号出现后，客户经理应该进行更详尽的分析，以便把实际的威胁与相关的现象分清楚。例如，市场份额下降的信号或许只是实际威胁的现象，真正的威胁则可能是银行广告宣传不够，或者实际的威胁是服务不好、产品缺乏竞争力，抑或是几种因素的混合作用。对客户经理来讲，机会还可从以下因素中产生：更新或修改现行的行业规则、客户利益、客户行为方式与服务需求的改变、科技成果的应用、较竞争对手为佳的地理位置、有竞争力的产品、相比较的竞争优势等。

二、内部条件分析

对竞争环境进行分析是制定客户拓展战略的重要内容，对内部条件进行分析则是银行在确定客户拓展战略时必须考虑的另一方面。考虑因素包括：

1. 发展战略

银行的发展战略反映了该银行在未来一定时期内经营活动的方向和要达到的目标，它直接决定了银行营销战略的制订以及未来营销活动的成败。

2. 人才结构

银行的竞争说到底是人才的竞争，拥有良好的人才结构，银行在银行发展、客户拓展、产品创新等各方面才往往有超人之举，各银行经常招聘复合型客户经理即是证明。

3. 客户经理制度的建设情况

客户拓展需要靠客户经理的工作来完成，而客户经理工作成效如何，关键看客户经理制度建设水平如何。

4. 市场敏锐程度

在市场经济条件下，竞争的法则已经由原来的"大的胜过小的"，演变成了"快的胜过慢的"。市场感觉敏锐的银行比行动迟缓的银行具有竞争优势。

5. 核心竞争能力

一个银行要成功，必须将其核心业务流程转变成一种其他银行难以模仿的战略能力，使其在客户心目中独树一帜，其他银行无法与之相比。这种其他银行难以模仿的战略能力就是核心竞争力。没有核心竞争力，意味着银行在市场竞争中不具备战胜竞争对手的法宝。找不到自身核心竞争力的银行在市场竞争中往往表现得无所适从。核心竞争力取决于三种基本市场力量的相互作用：需求性（银行是否能满足客户的需求，是否具有竞争优势）、稀缺性（能否轻易被模仿或替代，是否持久）以及专用性（谁掌握利润）。

6. 扁平化的管理架构

管理层级过多、管理链条过长、信息传递失真等情况是国内银行存在的通病。扁平化改革是国内银行改革的基本方向。改革成效如何直接影响其市场竞争能力。

7. 组织结构

银行内部组织结构是否合理、各部门职责是否清晰、面向市场时各部门能否快速有效配合、各功能块是否健全等决定银行组织结构的先进与否。

8. 银行自身所掌握的资源及特点

在一家银行中，各类资产、人员技能、知识和能力及财务实力、研究开发水平、创新能力等资源涵盖了整个谱系从高度专业化的一端到非常普通的一端。银行在这个资源谱系中所处的位置决定了它应该参与哪些业务的竞争，也决定了它对客户范围与服务对象的选择。

9. 技术应用水平

哪家银行新技术采用得快，哪家银行就容易在竞争中领先。在市场中有很大竞争优势的银行往往是那些采用新技术多且快的银行。

10. 经营管理水平

包括银行的业务处理能力、市场应变能力、资源获取能力、资本实力、领导人能力以及银行的市场声誉、市场地位等。

第二节　客户拓展战略及其制定

一、银行与竞争环境的平衡

在客户拓展活动中，银行的行为受到竞争环境和内部条件的影响和制约。银行与竞争环境的关系实际上是一个信息"输入—输出—再输入—再输出"的关系，即系统内、外的信息转换关系。根据系统论的观点，搞好系统内、外关系的平衡是很重要的，因为这是保证系统正常运转的先决条件。具体到银行来讲，搞好与竞争环境的平衡非常重要。

在处理银行与竞争环境的关系时，需坚持如下原则：

1. 内部服从外部的原则

由于竞争环境具有不可控性，银行与竞争环境是一种依存关系，外部环境的性质、状况决定了银行客户拓展活动的性质、方向、方式和规模，银行必须服从竞争环境。

2. 动态平衡的原则

竞争环境是经常发生变化的，银行应与竞争环境保持一种最佳的适应状态。如果不能经常保持良好的适应状态，银行客户拓展活动就会趋于保守和退化。因此，银行需要根据变化的环境及时调整自身客户拓展的目标，并修订具体的拓展战略，使银行与竞争环境经常保持一种动态的平衡。

银行要保持与竞争环境的最佳动态平衡，应重点掌握以下几点：

1. 加强调研，准确地预测竞争环境未来变化发展的大致方向

银行的客户拓展活动必须建立在对环境的准确判断与预测上，而要想准确地预测，除选用科学的预测方法外，还必须使预测的基础牢靠，为此，必须加强调研工作，使获得的信息资料完整可靠。对一个成熟的银行经营者来讲，市场直觉也非常重要，因为市场直觉常常是

工作经验在当前状况下的最直接反映，依靠严谨的数学模型推导出的预测结果往往不是很精确。

2. 制定竞争环境评价分析表

制定此表的目的在于发现竞争环境中的有利和不利因素，利用有利因素来寻求市场机会，避开或改善不利因素，消除环境威胁，使银行的客户拓展活动能趋利避害地发展。具体的评价分析方法是按照竞争状况、市场潜力、客户数量等标准对竞争环境的不同情况进行划分，借以判断哪些是竞争环境的有利因素，哪些是竞争环境的不利因素，从而对外部环境有个总体评价。

3. 建立信息反馈系统，使银行客户拓展信息的输入、输出过程能通畅不断地进行

有关竞争环境的信息及时输入进来，能指导银行更好地开展客户拓展活动。无疑，这也是增强银行与竞争环境协调关系的一条途径。当前与银行经营有关的外部信息非常充裕，以致银行从业者无所适从。可供选择的方式是建立自己的通道，比如：选择几份信息量大的财经报纸进行阅读、经常登陆几个财经网站进行浏览。

4. 搞好公共关系，做好危机管理，争取使竞争环境朝着有利于银行的方向发展

危机时刻存在，且潜在破坏性越来越大，但危机并非不可战胜。危机本身既包含导致失败的根源，也孕育着成功的种子。在银行与竞争环境发生冲突的情况下，银行应善于运用公共关系及时解决冲突，发现、培育以便收获蕴藏在危机之中的潜在成功机会，使银行与竞争环境保持一种良好的协调关系。银行平时应做好危机处理预案，以应对随时可以出现的危机，一旦危机来到时能以最快速度启动预案，确保将危机带来的负面影响降至最低。

二、客户拓展战略及其种类

客户拓展战略是银行为创造、建立和保持与目标市场彼此有利的交换关系所做的长远谋划，就其实质来讲，是对客户需求的管理。客

户拓展问题总是与银行产品相关联，任何客户拓展战略都可以说是产品的市场战略。从类型上看，客户拓展战略均可分为两个层次：①市场选择战略，即决定在哪些行业（地域）及某一行业（地域）的哪些客户身上开展营销；②市场发展战略，即怎样开发已选择的市场。

（一）市场选择战略

市场选择战略主要是从市场吸引力和银行自身营销能力两个方面来确定。确定市场吸引力要分析两个问题——市场规模有多大和处于何种发展阶段。银行的营销能力反映了市场份额、影响范围与信誉。依据市场吸引力和银行营销能力的大小，可将市场选择战略分为三种：

1. 退出型战略

当市场已处于衰退期，或自己的经营能力不足，或两者兼而有之时，应放弃该市场，方式有三：①直接退出市场；②尽量榨取利润，不再增加新的投资；③将不想继续经营的部分直接出售，收回投资。

2. 维持现状战略

当市场处于成熟期或银行经营能力一般，或两者兼而有之时，可以维持现状，方式有二：①盯住市场占有率，继续保持现有份额；②权衡得失，放弃一部分，巩固一部分。

3. 发展型战略

当市场需求旺盛，或银行经营能力强，或两者兼而有之时，一般采取发展型战略。途径有二：①选择发展速度较快的行业（地域）作为目标行业（地域）；②利用银行内部扩充、联合等方式来提高竞争力。

（二）市场发展战略

市场发展有两重含义，即横向发展（新市场的开拓）和纵向发展（现有市场的挖潜开发）。具体来说有以下几种形式：

1. 市场渗透

即不改变银行现有产品与市场，以现有银行产品去扩大现有市场，它至少又包括：①让现有客户更多地使用本银行的产品；②把竞争者手中的客户争夺过来；③把银行产品营销给新客户。

2. 市场开发

即用现有产品去开辟新的市场，包括：①扩大市场半径，在更广泛的市场范围内营销客户；②在原有市场上挖掘老客户的新需求，主要是在客户新需求的基础上对现有产品增加新的性能与用途。

3. 市场创新

即在传统市场上，改进产品，增加品种，以新产品代替老产品。途径有：①自己研发全新产品，排挤竞争对手；②模仿竞争者产品，改进自身产品；③借鉴竞争者的思路开发本银行产品。

4. 混合型

即用新产品开拓新市场，包括：①前向一体化；②后向一体化；③水平一体化；④多样化发展。

5. "紧张"战略

即银行有意识地使自己传统产品市场保持"供应紧张"的局面，再将新产品投放到一个"销路不佳"的新市场去做"开发性"工作。这种战略适合以追求高市场占有率为目标的银行，既能使银行的产品在传统市场上保持着优势，又不断顽强地开拓新市场。

6. 逆向型战略

基本原则是逆市场潮流，"后发制人"，以求得出乎意料的成效，适合中小银行以及实力较弱的银行。

三、在银行与竞争环境的平衡中确定客户拓展战略

确定客户战略的前提是确定战略目标，而战略目标的确定必须结合银行的价值观和经营使命。一种观点是，战略无法事前制定，即不能先制定战略，再依据此战略去拓展市场，认为战略是在客户拓展过程中形成的。这种认识不无道理，但在一定的目标指引下去拓展市场也同样十分必要。为此，银行应认真分析影响战略选择的每一要素，通过对目前经营战略的分析确定下一步要采取的战略举措：确定关键的经营方针，例如：目标客户、资产收益、市场份额、贷款投向、存款组合等；确定银行具体的业务方向；考察银行目前的业务环境和对

银行现行战略有利或不利的条件；对现行的银行战略进行检讨。

确定客户拓展战略应经过一定的程序，当然程序的有些阶段可以同时完成，也可做次序上的调整，关键在于每一步都要在最终战略方案选定之前完成。一个典型的战略确定程序包括：①确定指导思想，明确经营任务；②确定经营目标，进行时机分析；③形成客户拓展战略；④评估客户拓展战略并贯彻。

在客户拓展战略的确定过程中，确定指导思想与评估现有战略两步骤非常重要：前者关系到客户拓展战略制定的方向与目标，后者关系到客户拓展战略制定的基础与条件。下面分别予以简述。

（一）战略制定思想的确定

一般而言，在制定客户拓展战略前，银行应把握住三项原则：

1. 远见

客户拓展战略事关银行的长远发展和长期行为，应高瞻远瞩，从长计议，制定出富有远见卓识的战略规划。这样，才能经得起时间的考验，保证银行的稳步发展。有些银行的战略规划是一年一制定，摸索不出一条长远的发展思路，结果只能使银行的发展没有特色。

2. 科学

包括两重含义：①客户拓展战略的制定一定要从客观环境与银行内部条件的实际出发，必须务实，切忌好高骛远，在银行内不顾条件搞"大跃进"运动；②战略的制定要运用科学方法和科学手段，经过反复论证才能使战略切实可行。几个研究人员在办公室内闭门造车式的战略制定方法只会使得制定的战略越来越不可行。

3. 求新

客户拓展战略是一个包含时间因素的概念。在战略实施的初期，战略目标具有强烈的促进、鼓舞作用，但当战略目标即将实现之际，它便失去了应有的作用。为此，为了保持银行的经营活力，在制定战略时必须注意求新，即不断寻求新的业务领域、经营优势、发展道路等。

（二）客户拓展战略的评估

对客户拓展战略的评估应围绕三个问题进行：①战略是否合理、

可行？是否前后一致？②银行及客户经理是否具备必要的能力来执行该战略？③有无清晰、可执行的战略实施的具体规划与措施？当然，战略评估还涉及其他一些相关问题，例如：客户经理对自己所面临的竞争形势的了解程度如何？战略是否具有极强的针对性？我们是否选择了正确的战略？等等。关于执行能力，主要涉及：现有客户经理能否胜任此项战略？是否需要聘用新的客户经理来执行战略？银行的成本结构是否允许本银行在保证利润的情况下与对手竞争？关于战略是否具有极强的针对性，主要涉及：战略计划是否过于宏伟？怎样设定各项工作的先后顺序？市场空间是否进入过多？关于是否选择了正确的战略，主要涉及：选定的战略是否适合本银行的情况？战略是否与目前的市场现实情况一致？银行是否有足够的条件来执行被选定的战略？这项方案能否给银行带来利润、市场份额的增长以及市场影响的扩大？等等。

在回答上述问题的过程中，银行可对战略方案进行补充与完善，并得到银行内部管理层的认可。对客户拓展战略达成共识后，客户经理就需通过自己的客户拓展行动来展开战略行动。

专栏 1-1

战略与战略管理

战略（Strategy）一词最早是军事方面的概念。在西方，"Strategy"一词源于希腊语"Strategos"，意为军事将领、地方行政长官。后来演变成军事术语，指军事将领指挥军队作战的谋略。在中国，战略一词历史久远，"战"指战争，"略"指谋略。春秋时期孙武的《孙子兵法》被认为是中国最早对战略进行全局筹划的著作。在现代"战略"一词被引申至政治和经济领域，其含义演变为泛指统领性的、全局性的、左右胜败的谋略、方案和对策。

就企业战略而言，是指一套构成企业长远计划的方案或概念。不同的企业需要不同的战略，战略要与企业独特的历史、环境和能力相适应。战略制定的前提是做好战略分析。首先是研究企业的外部环境，包括那些已知的和潜在的竞争对手，然后分析企业内部的强项、弱项与企业文化，在此基础上明确前进的战略方向（使命与愿景）。一旦确定了战略方向，就能明确应该如何到达那里，以及为了实现这个目标，需要选择哪些短期策略。战略方向要明确，不能含糊不清。战略目标则需要具有一定的拓展性，能起到鼓舞人心的作用，同时又要有可实现性，即经过努力能够实现，而不是遥不可期。

战略管理是从战略需要调研开始到一个战略周期结束所进行的全部过程，核心环节包括战略制定、战略执行、战略监控、战略评估与战略调整等。

战略制定应遵循若干原则。一是强化核心竞争力。在战略定位、目标设计和战略实施方案的制定过程中，企业应密切关注自身的核心竞争力，强化所处行业的同业对比，优化资源配置，确保战略目标实现。二是战略目标均衡、协调。战略是一个体系，包括：总体战略和职能战略，职能战略有很多种，各种战略目标之间不能有冲突。三是关注战略管理风险，包括缺乏明晰的战略定位；战略目标与实施举措脱离实际；无法调动基层员工的能动性，战略实施基础不稳固；缺乏战略实施方案等。

企业制定战略，必须认真进行全方位调查研究，收集和分析各种战略信息，科学评估内外部环境和公司优劣势，认真起草战略文本。战略文本起草完毕后，还要通过召开研讨会、发函、面谈等多种方式充分征求各方面意见尤其是基层干部群众的意见，积极吸纳合理意见，确保战略符合实际。战略文本要结构合理，要素齐全，语言精练，定性与定量结合，篇幅不要太长，应包括但不限于下列内容：①内外环境分析。应包括宏观形势、行业形势、市场趋势、竞争对手状况、公司发展状况、公司竞争力、优劣势、机会与挑战分析等。②战略目标体系。应包括战略定位、发展愿景、关键目标、关键指标、战略方向与重点等。③关键支撑要素。应包括组织结构、人才、技术、文化、业务、风险、品牌等方面的策略、关键行动与配套制度机制建设。④实施进度安排。

战略制定后，要强化战略执行，推动战略落地，改变战略执行经常出现的"上边热，下边冷；制定热，执行冷；目标热，结果冷"等不良现象。企业的各级领导成员要树立战略意识和战略思维，通过编写辅导材料、战略宣讲、战略座谈、战略问答等多种有效方式把战略传递到每一个岗位和员工，使公司内部各个管理层级和全体员工都能理解发展战略，尤其是战略愿景、核心价值观、战略目标、企业使命等核心内容。为执行好战略，必须加强战略执行力建设。要塑造有利于战略执行的文化氛围，积极培育"说到做到"的执行文化。调动中层管理者和普通员工参与战略执行的积极性，使每一个员工都成为合格的战略执行主体。采取物质与精神、当前与长远相结合的原则，完善激励机制，推行战略执行考核，强化培训与教育，推动各级组织和员工战略执行力的提升。

企业各职能部门要根据发展战略，结合战略期间时间进度安排，制定阶段性目标和年度分解落实计划，确保发展战略分解落实到资产规模、利润增长幅度、投资回报要求、品牌建设、人才建设、企业文化、社会责任等各个方面。战略分解，要做到战略指标有人管，人人肩上担指标，要"横向到边，纵向到底"，覆盖到每一个单位、每一个岗位、每一个员工身上。战略目标和年度分解落实计划一经确定，就必须严格贯彻执行。

企业还要围绕战略实施加强相应的配套基础设施建设，包括能有效支持发展战略实施的组织架构、人力资源管理制度、品牌管理制度、业务管理制度、文化建设制度、风险管理制度和信息系统等。企业要把推行全面预算管理作为战略实施的关键配套措施，要强化预算管理对战略目标和经营计划的约束，实施战略实施效果与绩效评价挂钩制度，编制科学合理、符合实际的预算，确保预算严肃性，严格预算执行。

企业战略管理部门要做好战略监控，掌握战略运行状态及战略执行进展。要积极深入基层，及时了解情况，多与基层员工进行沟通与交流，倾听他们对于战略实施的意见建议。要适度提高战略实施检查工作频度，尤其要重视战略在基层的执行与实施情况的检查。要督促相关部门积极执行战略。

战略实施过程中，各级战略管理部门要及时跟踪、分析研究内外部环境，对内、外部环境保持足够的敏感性，及时评估内、外部环境对战略的影响，并采取恰当的应对措施，使公司战略与内、外部环境保持动态适应。评估内容包括：上一年度战略执行总体情况、内、外部环境发生变化情况及其影响，战略执行成效及亮点，战略执行过程中遇到的新问题、新情况，重大战略举措、项目推进情况及效果，重大政策、制度出台背景及实施效果，重大突发事故（含重大风险事件）及其处理情况等。

企业要每年举办战略评估报告会，战略评估结果以适当形式告知干部员工。要重视战略评估结果的运用。对战略评估中发现的问题要认真对待，加以整改。要充分重视战略评估报告中反映的问题和提出的建议，并将建议落实到以后的工作中。对相关人员的年度考核及绩效发放要充分结合战略评估结果。

企业战略应保持相对稳定，但面临下列情况时，要进行适度调整。①国内、外经济金融形势、监管政策、行业状况等外部环境发生重大变化，对集团或子公司发展战略实现产生重大影响。②集团或子公司内部条件发生重大变化，确需对发展战略做出调整。③发现原定战略存在偏差。④上级、股东、经营管理层及基层群众对战略提出不同意见。⑤经评估、重检后，发现战略已与发展变化了的内、外部环境产生了不协调。需要注意的是，战略调整不是对原定战略推倒重来，而是在大框架不变的前提下进行局部调整，目的是适应已经变化发展了的内、外部环境，以促进内部资源能力和外部环境条件的动态平衡。战略调整不宜过繁，一般为年度或更长一点为宜。

企业战略如上面所讲，个人对自己未来的长远谋划也应采取类似措施。

第二章
搜寻和选定目标客户

　　银行客户战略确定后，关键是要得到有效执行。战略本身制定得再好，如果不能得到有效执行，那也只是纸上谈兵。战略的执行要落实在行动上，那就是客户经理要走出办公室，按照战略确定的重点和客户范围去寻找客户、营销客户。

第一节 银行客户的分类

银行客户按性质不同可分为三大类：

（1）工商企业类客户主要指产业内各行业的工商企业等盈利性客户，这是银行客户的主体，是银行产品的主要提供对象；

（2）机关团体类客户主要指社会团体、学校、政府机构、医院、军队等非企业组织形式的客户，这是银行目前积极争取的一类客户，尤其是其中的政府机构类客户，因其巨大的资金流向且无信贷需求而成为各家商业银行竞相争取的黄金客户；

（3）金融同业类客户是一类较特殊的企业类客户，主要指信托、证券、保险、基金及与本银行有代理行等合作关系的其他银行，这是随着我国金融市场日益完善而新兴起的一类客户。

从对银行产品需求的特点看，银行客户可分为：

（1）贸易链融资类客户。贸易链融资与我们日常所讲的国际业务中的贸易融资产品有所不同。这里所说的贸易链融资是指连接客户上、下游的所有融资类产品，包括：国际业务中的贸易融资以及承兑汇票、保兑仓等传统的银行产品。凡是使用贸易链融资产品的客户均可称为贸易链融资客户。

（2）渠道合作类客户。这类客户的典型特点是只提供存款而无资金需求，它对银行的需求主要是资金划拨与收缴。

（3）投行业务类客户。指适合银行提供短期融资券、财务顾问、银团贷款等投资银行业务的客户。

（4）理财增值类客户。指有大量闲置资金、需要通过银行理财而进行增值的客户。

从不同角度可对银行做不同的分类。对客户经理来讲，需对上述各类客户作进一步的细分，将具有类似需求的客户归为一类，从中选择自己拟开发的目标客户，并运用银行所拥有的资源满足目标客户的不同需求。

一、工商企业类客户

（一）按所有制划分的工商企业类客户

1. 国有或国有控股企业

国有企业是我国国民经济的重要力量，也是银行应该特别关注的客户群体。分为纯粹的国有企业和国有控股企业、目前大部分是国有控股企业。中央直管的大型企业效益都比较不错，在各自领域基本都是排头兵，它们是各家银行积极争取的对象。遇到困难的国有企业则为银行开展并购重组、战略咨询等顾问服务提供了可能。大、中型国有企业对银行产品的需求是多方面、综合性的，这需要银行与其建立的是长期稳定、不断扩展的战略合作关系。

2. 民营企业

民营企业有两类：一类是纯粹的民营企业，从成立之初就是民间投资；另一类是从原来的乡镇企业基础上改制而成的。过去这些企业的主要合作伙伴是城乡信用社。随着规模扩大，这类客户对银行业务的需求急剧增长。民营企业一般规模较小，经营灵活，但融资渠道十分有限，迫切需要银行提供金融服务。由于民营企业主要实行家族式管理，客户经理在与其建立业务关系之前应重点考察其管理水平及可能存在的风险。

3. 外商投资企业

外商投资企业在企业制度、经营管理、市场营销、生产管理等方面具有一定的优势，在银行中的信誉较高，是银行希望得到的业务伙伴。它们对银行服务的要求也较高，需要具有较高造诣的客户经理前往接洽。

4. 混合所有制企业

混合所有制企业因投资主体多元化，基本上是规范的现代股份制企业。这类客户一般规模较大，集团化发展趋势明显，经营业绩良好，也是银行积极争取的对象。

（二）按行业划分的工商企业类客户

1. 商贸服务企业

商贸服务企业包括商场、配送中心、超市、仓储中心、饭店、旅游及其他服务类企业。商贸服务企业的特点是流动资金需求量大，资金周转速度快，但自有资金较少。那些进货渠道通畅、地理位置优越、在消费者心目中信誉高的商贸服务企业是银行积极争取的对象。在与商场、配送中心、超市和仓储中心发展业务时，应注意它们的地理位置、进货渠道、存货水平、应付账款及与供货商的关系；在与饭店发展业务时，应注意它们的地理位置、客房满率、服务水平及饭店的星级；在与旅行社发展业务时，应注意它们的业务覆盖范围、服务水平、业务规模等情况。

2. 制造业

这里所讲的制造业主要指传统的工业生产类企业，如机械、汽车、电子、电力设备制造、轻工、纺织、建材、医药、石油化工、有色、黄金、煤炭开采等。这类企业专业性强，银行需会同各类专家对其生产、市场、管理、行业等方面进行会诊。

3. 公用事业类企业

公用事业类企业包括城市道路、城市供水、机场、铁路等。这类企业一般盈利水平低，但资金沉淀量大，且背后往往有政府支持，是银行的积极争取对象。

4. 外贸类企业、建筑安装类企业、房地产类企业和投资管理类企业

外贸类企业是指从事对外贸易（进、出口）的企业，它或者把国外商品进口到国内来销售，或者收购国内商品销售到国外，从中赚取差价，但它的业务往来重点在国外。

建筑安装类企业主要从事土木工程、房屋建筑和设备安装工程施工的企业，通常称作建筑（安装）公司、工程公司或建设公司。

房地产类企业是指从事房地产开发、经营、管理和服务活动，并以盈利为目的进行自主经营、独立核算的企业，包括：房地产开发企

业、房地产中介服务企业和物业管理企业等。

投资管理类企业是指针对证券及资产，以投资者利益出发并达到投资目标的企业，如基金公司。

5. 综合类企业

综合类企业指的是主营业务跨行业较多的集团公司及业务类型难以归入上述几类企业的企业。客户经理在与此类企业打交道时，一定要关注其主业情况。

（三）按规模划分的工商企业类客户

1. 小型企业

小型企业经营产品单一，市场份额有限，经营风险较大，但经营灵活，常能在市场缝隙中求得生存与发展。近来又有小微企业一说，意指规模更小的企业。这类企业融资渠道有限。客户经理可为其中有发展前景的企业开展顾问服务，帮助企业搞好市场定位，选准发展战略。

2. 大、中型企业

大、中型企业按经营范围又可分为多元化经营的大、中型企业和集中于某一专门领域经营的大、中型企业两种模式。前种模式抵御经济波动的能力较强，但其每一经营领域往往缺乏足够的竞争力；后种模式的优缺点正好相反。两种模式的大、中型企业对银行产品的需求量都很大。这类企业融资渠道较多，客户经理应采取有差异化的特色服务来吸引。

表 2-1 大、中、小型企业划分标准

行业名称	指标名称	计算单位	大型	中型	小型
工业企业	从业人员数	人	2000 及以上	300~2000 以下	300 以下
	销售额	万元	30000 及以上	3000~30000 以下	3000 以下
	资产总额	万元	40000 及以上	4000~40000 以下	4000 以下
建筑业企业	从业人员数	人	3000 及以上	600~3000 以下	600 以下
	销售额	万元	30000 及以上	3000~30000 以下	3000 以下
	资产总额	万元	40000 及以上	4000~40000 以下	4000 以下

续表

行业名称	指标名称	计算单位	大型	中型	小型
批发业企业	从业人员数	人	200 及以上	100～200 以下	100 以下
	销售额	万元	30000 及以上	3000～30000 以下	3000 以下
零售业企业	从业人员数	人	500 及以上	100～500 以下	100 以下
	销售额	万元	15000 及以上	1000～15000 以下	1000 以下
交通运输业企业	从业人员数	人	3000 及以上	500～3000 以下	500 以下
	销售额	万元	30000 及以上	3000～30000 以下	3000 以下
邮政业企业	从业人员数	人	1000 及以上	400～1000 以下	400 以下
	销售额	万元	30000 及以上	3000～30000 以下	3000 以下
住宿和餐饮业企业	从业人员数	人	800 及以上	400～800 以下	400 以下
	销售额	万元	15000 及以上	3000～15000 以下	3000 以下

说明：①表中的"工业企业"包括采矿业、制造业、电力、燃气及水的生产和供应业三个行业的企业。

②工业企业的销售额以现行统计制度中的年产品销售收入代替；建筑业企业的销售额以现行统计制度中的年工程结算收入代替；批发和零售业的销售额以现行报表制度中的年销售额代替；交通运输和邮政业、住宿和餐饮业企业的销售额以现行统计制度中的年营业收入代替；资产总额以现行统计制度中的资产合计代替。

③大型和中型企业须同时满足所列各项条件的下限指标，否则下划一档。

④本划分办法为国家统计局 2003 年制定，适用统计上对工业（采矿业，制造业，电力、燃气及水的生产和供应业）、建筑业、交通运输业、仓储和邮政业、批发和零售业、住宿和餐饮业的企业划分规模。

3. 企业集团

企业集团是具有共同利益，以产品或资产等为纽带联结在一起的企业群体，常常是跨行业、跨地区，经营多种产品。它对银行业务的需求是全方位、多侧面的。对银行来讲，是具有很大吸引力的目标客户。对有财务公司的企业集团来讲，客户经理应注重同这种"企业内部银行"的合作。

（四）按效益状况划分的工商企业类客户

1. 景气企业

景气企业指在市场占有率、技术创新水平等方面处于上升阶段的新兴企业或各方面都处于进一步发展阶段的企业。这类企业是客户经理积极争夺的对象，但应注意企业潜在的风险。

2. 一般企业

一般企业指经过一定时期的发展，企业及其所在行业已进入相对成熟阶段。这类企业对银行产品的需求量大，但由于其利润率水平已经下降，客户经理应重点关注其信用水平及未来发展前景。

3. 亏损企业

这类企业急需银行的支持，但由于效益状况恶化，会给银行带来巨大风险。由于亏损，这类企业中的部分企业往往会通过做手脚来骗取银行贷款，故客户经理应对其做深入调研。对这类企业中暂时出现困难但仍具有发展前景或具有重组价值的企业，客户经理仍可与其进行合作洽谈。

（五）按与银行合作关系的程度划分

1. 重点客户

重点客户是指具有资源型垄断特征，能够为银行带来较大经济效益，与银行有稳定的业务关系，成长性好、资信等级高、经济实力强的各类经济实体。客户经理应逐步把本银行培育成这类客户的主办银行，使本银行提供的产品占该客户使用银行产品总数的绝大部分。重点客户的确定原则是以市场为导向，兼顾客户的经营状况、财务状况、发展趋势与信用状况，突出重点、好中选优、动态管理。一般需具备如下条件：

（1）企业所处的行业、产业符合国家产业政策鼓励、扶植或优先发展的范围，如：高新技术开发及产品制造业（现代信息设备生产企业、新材料生产企业、新能源开发企业、新药品开发及生产企业等）；有良好经济效益的基础设施行业（例如：交通运输、仓储设施、城市电力、煤气及水的生产与供应、石油和天然气开采等）；传播与文化产业；具有较强综合开发经营能力的建筑及房地产业；等等。

（2）生产开发的产品符合国家技术进步或产品更新换代的序列；从事的生产经营活动符合国家法律法规并属于经济金融政策支持的

内容。

（3）主导产品在国内或本地区内与同类产品相比具有市场前景好、竞争力强、产销率高以及在国际市场上创汇能力强等特点。

（4）具备科学严密的经营决策、生产组织、技术开发、财务核算、市场营销的组织管理体系和规章制度；工艺合理、设备先进、能耗及污染指标符合环保要求；具备完备的法人治理结构，已建立起现代企业制度。

（5）规模适当且具有良好的发展基础，资产负债率低、抗风险能力强、经营业绩和经济效益良好、销售收入和利润连续三年保持正增长、主要产品的产销率在90%以上、信用等级在AA级或以上。

（6）企业领导层具备良好的经营管理素质，主要领导人具备丰富的企业管理和市场营销经验。

（7）在本银行已开立基本结算账户或一般结算账户并办理了本外币存贷款、结算及其他业务，业务合作已有比较长的时间且保持了相当的业务量。

（8）管理规范、实力雄厚、市场前景良好的绩优上市公司；实力雄厚、效益良好的大型国有企业和"三资"企业；已形成规模、技术成熟且前景良好的高新技术企业。

2. 一般客户

一般客户指不具备重点客户条件但与本银行仍有一定业务往来的企业。客户经理应有意识地把其中发展势头猛、竞争能力强的企业培育成重点客户。对一般客户，客户经理在服务上也不应有所懈怠，这类客户在银行整个客户群体中的占比一般在70%左右，是银行收益的重要来源。

3. 目标客户

目标客户指尚未成为本银行现实客户的潜在客户，仅为拟开发的对象。客户经理的工作是把目标客户培育成现实客户，并逐步培育成现实的重点客户。

二、机关团体类客户

机关团体类客户虽然不主要进行生产经营活动，但有相当的资金沉淀量，是银行开展代收代付、代发工资等中间业务及吸收存款的理想对象。对其中公益性质较强的机构，例如：效益好的学校、医院等发放贷款，往往更加安全。

机关团体类客户主要有：

1. 协会、学会、研究所、设计院

此类客户有工业经济联合会、国际经济关系学会、机械工业协会、商业文化研究会、企业管理协会、银行业协会、粮食研究所、无线电研究所、建筑设计院、中科院、社科院、农科院、林科院等。

2. 医院

此类客户有社区医院、校办医院（对外营业的，如北京大学附属医院；只对学校师生开放的，如校内医院）、卫生部门直属医院、民办医院，以及养老院、保健院。在我国根据医疗质量综合考评标准，将医院从高到低划分为三级九等，即：三甲、三乙、三丙；二甲、二乙、二丙；一甲、一乙、一丙。三级甲等（"三甲"）为级别最高的医院。

3. 学校

此类客户有公立学校、民办学校；大学、职业教育学校、中小学；培训学校。就大学而言，有全国排名前列的清华大学、北京大学、浙江大学、南京大学，也有排名稍稍靠后但名气依然不小的其余"211院校"，还有普通的地方高等院校。带有职业培训性质的学校最近几年也有一些，如国家会计学院、国家检察官学院等。

4. 事务所

此类客户有会计师事务所、律师事务所等。这类组织一般采取合伙人制、实行企业化经营。

5. 政府及附属部门

此类客户有国家发展和改革委员会、国资委、财政部、铁道部、农业部、烟草专卖局、工商行政管理局、海关总署等政府部门；人大立法部门；司法、检察；街道办事处；军队。中央政府的资金管理体系目前已基本完成改革，实行财政资金直接和授权支付。在这种情况下，中央预算单位必须在具有办理代理支付业务资格的银行进行开户。各银行可以利用这一契机，对各政府机构进行深入营销，扩大服务范围。此外，各地政府机构的资金管理体制也正在按中央改革精神进行改革，为银行提供了较大的业务拓展空间。

6. 新闻出版

此类客户有：出版社、杂志社、编辑部、报业集团等。对其服务除代发工资外，可开展代发稿费服务。当前除人民出版社外，其他出版社均已改制实行企业化经营。在市场竞争中，很多出版社脱颖而出，其销售额突破亿元，有的甚至达到几十亿元，是非常优质的银行客户。媒体的集团化发展非常迅速，报业集团发展就是明证。一个报业集团下面一般有晚报、早报、日报等。

7. 中介机构

此类客户有：职业介绍所、婚姻介绍所、房屋中介等。

三、金融同业类客户

1. 银行

银行又称存款类金融机构。此类客户有：中国银行、中国农业银行、中国工商银行、中国建设银行、交通银行、国家开发银行、华夏银行、中国光大银行、中信银行、中国民生银行、平安银行、浦发银行、广发银行、兴业银行、浙商银行、渤海银行、邮政储蓄银行等全国性商业银行；北京银行、上海银行、徽商银行等城市商业银行（区域性商业银行）；国家开发银行、中国农业发展银行、中国进出口银行三家政策性银行；北京市农村商业银行等农村商业银行，以及上述各银行的分支机构；汇丰银行、花旗银行、加拿大皇家银行等外资银行在华分支机构以及光大韶山村镇银行、大冶国开村镇银行等。

2. 信托公司

信托公司的要义在于"受人之托，代人理财"，发行信托计划是其经营的重要内容。

3. 基金管理公司

目前已成立的基金管理公司有华安、华夏、大成、嘉实、富国、博时、长盛（以上注册地在北京）、国泰（注册地在上海）、南方、鹏华（以上两家注册地在深圳）等多家。旗下管理着多只基金。

4. 证券公司

近几年证券公司经历了重新洗牌，很多证券公司被关闭，也有很多全国知名的证券公司被重组。

5. 保险公司及保险中介公司

保险公司目前主要有中国人寿保险、太平洋保险、平安保险、泰康保险、新华人寿保险、中国再保险公司等保险公司，上述保险公司的分支机构及外国保险公司在华分支机构。

保险中介公司目前也有很多家，如江泰保险经纪有限公司（注册地在北京）、北京合盟保险代理有限公司等。

6. 资产管理公司

目前的资产管理公司除早先成立的华融、信达、长城、东方四家资产管理公司外（这些原以处理银行不良资产为主业的公司已开始转向金融控股集团方向发展），还有很多以私募股权基金为主业的资产管理公司。

7. 其他非银行金融机构

城乡信用社、企业集团的财务公司、金融租赁公司、汽车金融公司、典当行、小额贷款公司等非银行金融机构也是商业银行可积极争取的客户。

8. 金融控股公司

金融控股公司指在同一控制权下，所属的受监管实体至少明显地在从事两种以上的银行、证券和保险业务的金融企业，如：光大集团、中信集团等。

四、银行客户的细分

对工商企业类客户、机关团体类客户及金融同业类客户均可同时按两个甚至多个标准进行细分，以便找到更具体的目标客户。这时常采取矩阵表方法。下面按多个标准对工商企业类客户作进一步的细分。

表 2-2　工商企业类客户分类矩阵表

分类	企业规模	景气程度			所属行业							
		景气	一般	亏损	商业	工业	外贸	建筑安装	公用事业	房地产	投资管理	综合类
国有企业	小型企业											
	中型企业											
	大型企业											
	企业集团											
集体企业	小型企业											
	中型企业											
	大型企业											
	企业集团											
民营企业	小型企业											
	中型企业											
	大型企业											
	企业集团											
外商独资	小型企业											
	中型企业											
	大型企业											
	企业集团											
混合所有	小型企业											
	中型企业											
	大型企业											
	企业集团											

第二节　搜寻目标客户的方法

客户经理必须根据自己银行所提供产品的内容及特点去寻找恰当的目标客户，最好的出发点是那些已经消费了银行产品的现有客户。当然，从客户培育角度出发，新客户对客户经理来讲更为重要。客户经理不能瞎跑乱撞，只有采取一定的方法才能发现那些可能成为银行目标客户的潜在客户。

一、逐户确定法

客户经理在任务范围内和特定区域内，用逐户登门拜访的方式对预定的、可能成为客户的企业或个人无一遗漏地进行寻找，并以此确定有合作价值的目标客户的方法。这种方法可使客户经理在寻访客户的同时，了解市场、客户和社会，锻炼和提高自己，但比较费时费力，带有一定的盲目性。应事先计划好拟走访的区域，对区域内的各家公司也要事先摸底，要多方了解对方情况，以减少盲目性。由于是初次造访，客户可能没做准备，拜访时间不宜过长。做好自我介绍，有一个好的开场白，尤其是斟酌好第一句话的说法与第一个动作的表现方法，以减少被拒之门外的可能性。为消除客户的戒心，应主动拿出能证明自己身份的证件，并说明来意。

二、客户自我推介法

自我推介的客户一般都急需银行提供服务。对这部分客户采取如下策略：

（1）客户经理应靠便捷、高效的服务来吸引。

（2）对这部分客户中提出风险性服务要求的客户作质信方面的估价。

（3）通过参加交流会、互联网或利用其他媒体等多渠道搜集目标客户的信息。

（4）对这部分客户要热情、周到，主动介绍银行产品。即使初次合作不成功，也要争取使其成为回头客。

三、资料查阅法

客户经理通过查阅现有资料来寻找客户。可供查阅的资料主要有：工商企业名录、企业法人录、产品目录、电话黄页、公告、统计年鉴、专业性团体的名册、广告（媒体广告、路牌、灯箱、车身广告等）、政府及其他部门可供查阅的资料、大众传播媒体公布的信息、企业团体的通信录、同乡录等。应注重互联网的运用。在运用此法时，应注意判断资料与信息的可靠性及时效性，有些网站是几年前发布的信息迄今也未更新。

四、连锁寻找法

即把服务与开发结合起来，围绕现有客户向其上下游延伸。比如：客户经理与某石油化工企业业务往来频繁，可通过其介绍向上游油料供应企业、开采企业、勘探企业和下游销售公司、加油站、化工材料使用企业延伸营销。再如：客户经理与某发电企业业务往来频繁，可通过其向上游煤炭销售企业、煤炭开采企业、煤炭勘探企业、洗煤企业与下游电网公司、城市供电企业延伸营销。

连锁寻找法的另一层含义是指充分利用现有关系网络，请业内人士介绍客户，其模式是：甲介绍乙，乙介绍丙……依次类推，无限延伸，使客户经理顺藤摸瓜，寻找到更多客户。如果介绍人担任着重要职务或市场影响力较大，则能帮助客户经理介绍很多客户。当然，前提是客户经理能说服他提供帮助。

运用此法时，需注意如下事项：

（1）取信于现有客户或介绍人。只有赢得他们的信任、尊敬与配合，他们才有可能为客户经理介绍新客户。

（2）对现有客户或介绍人表示感谢，甚至物质或者精神的奖励。在拜访新的客户后，应及时向现有客户或介绍人汇报进展情况，并对其表示感谢。

（3）对现有客户或介绍人介绍的新客户，客户经理要像对待全新客户一样做好研究和拜访前的各项准备工作。

（4）尽可能多地从现有客户或介绍人那里了解新客户的情况。

五、中介介绍法

客户经理通过中介介绍有可能需要银行服务的客户。需要中介提供名称及简单情况。这种方法有助于减少盲目性，增加被介绍客户的信任。

1. 常见的中介类型

（1）政府部门。如政府财政部门通过招标选择好财政资金的代理支付或税费资金的代理收缴银行后，相应的政府机构就要在银行开立账户，以备资金划拨。又如海关、税务局选择好代理收缴银行后，各纳税企业就必须与银行建立业务往来。

（2）社会团体。就像某种牙膏经过全国性专业机构认可并通过其向社会发布后获得消费者认可一样，银行的某项服务如能获得社会团体的认可并向社会公布，也可增加客户对银行的信任感。

（3）银行的现有客户。现有客户是银行口碑、服务的最好的宣传者。通过现有客户来传播银行的某项服务，会使信息接受者感到可信、放心。

（4）客户经理选定的信息提供者。这些人一旦发现潜在客户就会立即告知客户经理。为激发信息提供者的积极性，客户经理应通过适当方式给其以激励。

（5）父母、祖父母、兄弟姐妹、姨、姑、婶、伯母、舅妈、舅、叔、伯父、姨父、姑父等家庭成员或亲戚。血缘关系在中国胜过一切，这些亲戚是客户经理展业的最坚定支持者和最大贡献者。

（6）同事、自己的朋友、孩子的老师或自己的老师、配偶的朋友、孩子朋友的家长、社团的其他成员、邻居、您所购商品的供应商或其他有商业联系的人。其中，原先单位的同事、先前一同上学的朋友往往关系较为密切。对新加入一家银行的客户经理来讲，找这些人支持一些业务往往比较可行。

2. 运用中介介绍法的注意事项

（1）对"中介"负责，应多为其着想，这样才能获得"中介"的长期支持。通过诚恳的服务态度、热情的服务精神及独特的服务内容取得现有客户的信服及工作上的支持。客户经理求助于人，人品是第一位的，必须对人讲诚信，这样才能交上能够互相帮助的朋友。

（2）扩大社会活动圈子，多交朋友。在社会上朋友越多，也就意味着可资利用的资源越多。交朋友具有倍数放大的效应，有社会学家曾经做过统计，如果你想找个人，则通过朋友最多转手六次即可找到。

（3）判断"中介"对潜在客户的影响力，尽可能选择影响力大的"中介"做介绍。市场上中介公司有很多，但鱼龙混杂，有些公司资质不好，对潜在客户谈不上任何影响力。客户经理经过观察，应能固定若干个好的中介为自己提供服务。

（4）尽可能多地从"中介"身上了解新客户的情况。同时，将同新客户接触的情况及时、有选择地向"中介"进行通报，既表示感谢、尊重，也有利于继续争取"中介"的合作与支持。

（5）除被动接受"中介"的介绍外，客户经理还应主动委托"中介"进行寻找，这就要求客户经理建立自己的"信息员"渠道。

（6）将自己的关系资源列成清单，放在自己随手可以取到的地方。清单应包括名称、性别、关系、特长、联系方式等，就像《红楼梦》里四大家族的关系图一样，在使用时能够一目了然。

六、群体介绍法

客户经理争取某个团体或主管部门的同意，由他们向其所属单位推介银行的产品与服务。通过这种方法，可提高银行的权威性和营销工作的效率。

第三节　目标客户的确定

客户的需求呈现出多样化、综合化、立体化、个性化等特征，而客户经理自身资源及精力有限，不可能满足整个市场的所有需求，因此客户经理必须从所有的客户对象中选择目标客户作为主攻对象。一般是客户经理先对所有潜在客户进行初步分类，再从中选择那些最有希望、最可能使用银行产品的客户作为目标客户。

在确定目标客户时，客户经理不应按规模大小来搞"门当户对"，即客户经理不应该选择那些规模同自己所在银行规模相当的对象作为目标客户。选择的依据不仅仅是规模和"成分"，而是通过对银行外部环境和自身条件的综合分析，根据客户经理自己所掌握的资源的种类、性质、程度以及所服务客户的类型综合来进行选择。

（一）选择目标客户的原则

1. 安全、效益原则

目标客户应该是既能给银行带来收益，又不至于给银行带来很大风险。银行的风险并不是在审批环节通过授信审查后才出现，而是从选定客户那一时刻起实际上就决定了这个客户的风险大小。

2. 实事求是、因地制宜原则

以增加获胜把握为出发点，充分考虑自己负责的客户群、行业的熟悉程度、所在区域环境、银行的产品特色和资源优势。对于一个与客户经理自身实力和银行能力不相匹配的客户来讲，客户经理营销成功的可能性较小。对这样的客户，客户经理必须注意营销不成功所带来的风险。

3. 适时调整原则

根据银行经营战略、外部环境及自身定位等因素适时调整目标客户的选择方向。目标客户不可能始终一致，在客户结构需要调整时，应及时根据需要选择新的目标客户并进行营销。

4. 精选客户原则

客户经理目标客户的确定，应符合集约经营的要求，所选定的优秀客户群或优秀项目，应该是在一个地区的诸多企业或若干个项目中，存款的余额或合作的潜力较大，贷款投入或需求量较大，可开展较多的中间业务，经济效益较佳的精品企业或项目。

（二）选择目标客户的策略

1. 跟随型

策略即选择与竞争对手相同或类似的客户群体。追随型策略有利于降低成本，但无法突出自己的特色。

2. 求异型

策略即选择与竞争对手不同的客户群体。一般而言，银行应选择求异型定位策略，这样有利于创品牌。

（三）选择目标客户应该考虑的问题

（1）是全国性客户，还是地方性客户？

（2）是大客户，还是中小客户？

（3）是工业领域的客户，还是其他领域的客户？

（4）是国有性质的客户，还是非国有性质的客户？

（5）是城市中的客户，还是乡村中的客户？

（6）是国内客户，还是国外客户？

（7）是处于成长期，还是处于衰退期的客户？

（8）是单体企业，还是集团客户？

（9）是工商企业，还是金融企业？抑或事业单位、非营利组织？

（10）是垄断行业的客户，还是竞争性行业的客户？

（11）是市场竞争力强的客户，还是竞争力一般的客户？

（12）是朝阳行业中的客户，还是衰退行业中的客户？

（13）是经济环境良好区域内的客户，还是经济环境较差区域内的客户？

（四）目标客户应该具备的基本条件

银行的公司类目标客户应该在具备以下全部或部分特征的企业中产生：

（1）国家重点支持，或鼓励发展。

（2）与同类型企业相比，有一定的竞争优势。

（3）有良好的市场信誉，信用等级较高。

（4）已经发行股票，并公开上市。

（5）产品技术含量高、产品销路广，现金回流快。

（6）财务结构合理，成长性好。

（7）机制灵活、管理科学、治理结构合理。

（8）属高科技行业。

（9）与银行的服务能力相匹配。

（10）有未被满足的现实或潜在的金融需求（且该需求为银行有能力满足的需求），且能为银行带来一定的经济效益。

（11）目前的经营状况良好。

（12）负责人年轻，有思路，能积极经营；或是有优秀的继承人；或是具备一定的社会背景。

（13）地域条件具有发展性。

（14）拥有有力的供应商和客户群。

（15）重视员工教育，有一定的社会知名度。

（16）有消费银行服务的需要和能力，且能提供一定的业务量。

（五）目标客户选择的"机会—威胁"法

客户经理选择目标客户可采用"机会—威胁"分析法进行，即先确定机会因素和威胁因素，再通过分析来选择低威胁、高机会的客户作为目标客户。

1. 常见的机会因素

（1）技术水平进步带给客户经理的机会。

（2）银行专业技术方面的优势。

（3）客户经理能给客户带来的利益。

（4）客户行为方式的改变。

（5）客户服务需求的改变。

（6）银行的地理位置及带给客户的便利程度。

（7）客户经理的素质、水平。

（8）良好的银行形象及声誉。

（9）与竞争银行相比，在服务产品、营业网点、资产规模、企业文化、经营机制、社会形象、营销策略等方面具有相对竞争优势。

2. 常见的威胁因素

（1）银行产品缺乏市场渗透力。

（2）银行存款的减少影响到自身在市场上的信誉。

（3）银行贷款客户减少及不良资产增加。

（4）客户对客户经理的认知度下降。

（5）银行及客户经理对外宣传不充分或宣传效果降低。

（6）客户对银行服务的不满增加。

（7）银行工作程序相互冲突、贷款审批程序过长。

（8）其他银行的竞争压力。

（9）银行可利用的资金有限。

（10）客户对客户经理态度冷淡或表示不满。

（11）银行的市场影响力下降。

（12）银行产品和服务的局限性。

3. 目标客户的"机会—威胁"确定法

对一个潜在客户列出所有的机会因素和威胁因素，经过分析总会出现下面四种情况中的一种：

（1）机会高、威胁低的客户。

（2）机会和威胁都较高的客户。

（3）机会低、威胁高的客户。

（4）机会和威胁都较低的客户。

上述四种情况中，第一种情况是最为理想的，可列为目标客户。

（六） 搜集目标客户基本信息并进行初步的价值评价

这里搜集的信息只是基本的、初步的，目的在于加深对目标客户的了解，为制定开发计划准备基本的素材。

1. 需了解的基本信息

（1） 目标客户主要决策管理人员的情况，包括姓名、性别、年龄、文化程度、家庭情况、个人偏好、联系途径等。

（2） 目标客户生产经营情况、市场占有情况、资金运作情况、企业发展历史、目前遇到的问题。

（3） 目标客户及关联企业的基本情况。

（4） 目标客户与金融机构的业务开展情况。

（5） 与客户所在行业有关的知识及该行业的历史与现状。

（6） 与其他金融机构的合作情况及下一步对银行可能的业务需求。

2. 客户信息的获得渠道

（1） 目标企业的宣传材料。

（2） 政府主管部门。

（3） 行业协会或学会。

（4） 传播媒介或公开出版物。

（5） 中介机构。

（6） 与目标客户关系密切的其他客户。

（7） 找熟悉客户内部情况的人，尤其是客户主要决策人的"智囊"。

（8） 目标客户的供应商或客户。

3. 对目标客户进行价值判断

客户经理根据获得的目标客户的基本信息，对客户进行初步的价值判断，以决定该客户是否具有开发价值。价值判断主要包括主要风险与收益匡算。

表 2 - 3　目标客户开发价值初步评价表

评价内容	正（+）		负（-）	
客户资产规模	大	□	小	□
客户原料供应/产品销售区域	全省或全国范围	□	本地	□
市场占有量/市场影响	大/为知名品牌	□	小/为一般产品	□
资金流量	大	□	小	□
其他银行的争夺态势	激烈	□	不感兴趣	□
是否为上市公司（或列入"211工程"的高等院校、资金流量大的其他单位）	是	□	不是	□
行业情况	发展中或成熟的行业	□	萌芽或衰退行业	□
目前对银行产品的需求	金融意识强，急欲获得银行支持；自身发展快，没意识到对银行产品的需求	□	遇到困难时需要银行支持	□

评价说明：按上述评价内容，如有二项以上得正分，则表明该客户具有开发价值。

（七）整理目标客户名单，制定客户开发计划

目标客户确定后，客户经理应将确定的目标客户及其背景资料记录下来，最好列成表格的形式如表 2 - 4 所示，这样便于查找。客户信息记录要做到及时、连续、准确、详细，尤其是不可记录错误信息。运用错误的信息与客户联系还不如不联系，比如你称呼姓李的先生为"王小姐"，则有些不伦不类。

对目标客户的相关信息进行分析，然后全面制定客户培育计划、培育方案及拜访的具体步骤如表 2 - 5 所示。客户经理应按照客户培育计划进行客户培育活动。在客户培育过程中，客户经理可根据实际情况对培育计划进行适当调整。

表 2-4　目标客户名单表

目标客户名称	主要业务范围	通信地址	联系方式	成为现实客户的可能性	拟投入的开发资源

注：上表中的"资源"包括时间、人员、财力等各种有形和无形的东西。

表 2-5　客户开发计划表

时间	工作安排		工作进度	
	工作目标	具体策略	计划进度	实际进度
1月				
2月				
3月				
4月				
5月				
6月				
7月				
8月				
9月				
10月				
11月				
12月				

第三章

拜访客户

　　拜访客户的目的是向目标客户介绍银行的情况、收集客户的信息、了解客户的需求，以便能达成双方合作的意向。拜访前要做好一些必要的准备工作，以便对目标客户的拜访更有针对性和计划性，确保拜访能达到预期效果。

第一节　拜访客户前的准备工作

一、制定拜访计划

根据对目标客户进行初步价值评价的结果，确定具有开发价值的目标客户。对这些目标客户，客户经理需进一步决定如何寻找切入点、拟投入何种开发资源，并据其确定拜访的方式，制定相应的拜访计划。

表 3-1　拜访计划表

客户名称	拜访时间	拜访地点	成行方式	拜访级别
		□客户会谈室 □其他场所	□飞机　□火车　□客车 □自备交通工具	□高层访问　□中层访问 □一般访问
客户的基本情况				
客户的长处与 短处	长处			
	短处			
竞争对手的有 关情况	竞争对手 一的情况			
	竞争对手 二的情况			
此次拜访准备 达到的目标		□建立联系　□增进感情　□达成初步合作意向　□合作取得明显进展 □收集信息　□了解客户需求　□商讨产品合作		
会谈主题				
客户可能需要 的服务				
银行准备提供 的产品				

拟向目标客户介绍哪些情况及提供哪些宣传材料		
需进一步了解的问题		
拜访开始的策略		
客户可能会提出哪些问题及如何解答	可能提出的问题	回答
可能出现的异议及处理办法	可能出现的异议	处理办法
客户合作态度不明确时的策略		
客户拒绝时的策略		

如果是联合拜访，应该再关注以下问题：

带队客户经理姓名		负责介绍的客户经理	
小组成员及职务			
集体讨论时可能遇到的问题及解决办法			

二、做好拜访预约

与直闯式拜访相比，事先约好的拜访更有利于节约时间，可避免吃闭门羹的尴尬局面，因而有助于提高拜访效率。作为面谈的前奏，约见的内容取决于面谈的需要及客户的具体情况。一般的洽谈至少需要提前三天预约，切忌第二天准备拜访客户时才开始预约。如果要拜访的人或事情特别重要，应提前一个月左右的时间预约。

（一）预约的主要内容

1. 确定客户方出来洽谈的人员

（1）注意约见有决策地位的人，最起码也应该是对决策人有影响力的人，避免在无权人或无关人身上花费过多的时间和精力。与无权人或无关人谈论十天，不如有权人点一下头。解决问题就是要抓住主要矛盾或矛盾的主要方面。

（2）尊重客户方相关人员，包括：秘书、助手、前台接待人员及接待部门经理、负责联络的人员、客户的主要关系人等。为了能顺利地约见到主要人物，尊重相关人员是必要的，他们有时甚至是能否约见到决策者的关键。做过客户经理的人都有体会：一个前台服务员一句"我们老板不在"或"我们老板要开一天的会"就使得客户经理这一趟白跑了。

（3）确认对方参加人员。这一点不必过分强求客户告知。如果客户告知了，就要进一步问清对方几人参加、每人的职务与所在部门是什么。这一方面有助于客户经理确定自己这方面的人员配置，也有利于客户经理确定需要携带礼品和宣传品的数量与等级。

2. 阐明拜访的事由和目的

（1）虽然每次拜访的基本目的都是推销银行的服务或产品，但应视每次的具体情况确定不同的重点。如果与客户很熟悉就可直接探讨实质问题，比如可以说"我们银行最近针对重点客户推出一种理财产品，希望你能抽出时间倾听我们的介绍"；如果与客户不是很熟悉就只能是先联络感情，比如可以说"听说你们企业今年市场拓展速度非常快，我们银行领导非常希望能向你们学习，以便于我们把握好为你们服务的机会"。

（2）每次拜访的事由不宜过多，以免冲淡会谈主题。事由如果很多，会让客户把握不住重点，还会给客户留下一种感觉——"客户经理把握事情的水平很低"。如果与客户已有一定的联系，则可以多确定几个会谈的题目，当然此时需认真筛选确定自己这方需要参加的人员，避免在会谈时出现客户经理这方会谈人员专业水准不高的情况。

3. 确定拜访的时间

（1）尽量为客户着想，最好由客户来确定或由客户主动安排时间，但尽量不能说"您看我什么时候来拜访"这样的话，因为如果客户说"我最近很忙"就等于把客户经理的后路给堵死了。应该说"您看我能否本周五下午两点来拜访"。如客户说周五没时间，您应该再说出比周五更近而不是更远的日期。

（2）根据客户的特点确定拜访时间，避免在客户最忙的时候前去拜访。对习惯于加班加点的客户来讲，在加班时间去拜访会使客户感觉到客户经理很敬业，在心中产生"该客户经理与我是一类人"的感觉从而拉近双方的心理距离，便于双方更进一步的会谈。对同业客户来讲，一般不宜在月末、季末和年末这段时间去拜访，因为这些时间正是同业需要上业务的时候，对方会很忙，可直接在电话中谈业务即可。应该注意客户的上下班时间、日常活动规律及近一时期业务繁忙程度。

（3）根据不同的拜访目的决定会谈时间。如正式商谈合作事宜，则上班时间为益；如目的在于联络感情，则临近中午吃饭时间或者下班之后要更好一些。周一一般不要约上午会谈，因为各单位一般在周一上午开会以布置本周的工作；周五一般不要约下午会谈，因为周五下午各单位一般要对本周工作进行总结，即使不进行总结，好多人员也着急准备外出度周末，此时去会谈公务会给对方"不知趣"的印象。确定会谈时间的另一层含义是"会谈时间的长短"，应根据会谈内容的复杂程度及客户的时间宽松程度确定会谈时间的长短，并将拟会谈的时间长短事先告知客户，便于客户在这段时间内不要再安排其他活动。

（4）见面的时间应充分考虑交通、地点、天气等因素。如果遇到刮风、下雨等恶劣天气或交通非常拥堵，客户经理应充分考虑在途时间，不能在约定的时间到达前到不了客户那里。按时到达则可表现客户经理诚信守约、敬业爱岗的职业道德，有利于接近客户、感动客户。

（5）当客户确定的时间与客户经理的时间安排有矛盾时，应尽量迁就与尊重客户的意图，并应将"我本来有非常重要的事，因为去见你这个客户而把其他重要事情给推掉了"这层意思委婉地告知客户。如客户经理与另一客户有约在先，应选择一个合适的理由诚恳地向客户说清楚，至于客户经理去拜访哪个客户，应根据客户的重要程度和营销成功的可能性大小综合考虑进行决定。此时尚需注意不能因营销一个客户而得罪另一个客户，要学会在两个目标客户身上"踩钢丝"。

（6）在真正拜访前一天对时间再次确认。如果出现客户真有别的事情而无法赴约的情况，客户经理应坦率地告诉客户你感到很遗憾但充分理解客户的难处，并希望客户尽快安排下次见面时间。

（7）下面是几种最适合客户经理登门拜访的时间：当客户有新的业务需求，或客户刚开张营业，或新生产线开始生产产品，正需要银行提供服务的时候；客户遇到喜事吉庆的时候，例如：领导受到表彰、大楼奠基、工程竣工、新产品投放市场的时候及公司纪念日；客户遇到暂时困难，急需帮助的时候；客户对其他银行的现有服务不满意、准备另换一家合作银行的时候，客户经理可实行"钻空子"策略；下雨、下雪、酷暑、严寒等天气不太好的时候，这时候去拜访客户，往往会感动客户，当然不能给客户以"假"的感觉；当客户发生重大体制变革时，例如：客户机构的合并或分离、资产或负债的重组、管理体制变革、领导班子变换等都可能意味着合作机会；当客户经营管理方式发生重大变化时，例如：集团性公司对子公司的销售资金实行集中管理，就为客户经理提供了展业机会；客户主动相约的时间。

4. 确定洽谈地点

应根据客户的要求或者习惯，本着方便客户的基本原则确定洽谈地点。最经常使用、也是最主要的洽谈地点是客户的办公地点。其他地点如餐厅饭店、展览会、酒吧、咖啡馆、网球场或高尔夫球场等公共场所也可作为洽谈地点。有些事情在办公室里往往谈不出最佳效果。在客户"尽兴"或者双方出现非常融洽的气氛时，洽谈效果往往最好。

（二）预约的方法

1. 面约

面约是指客户经理与客户当面谈定下次见面的地点、时间、方式等。在面约时，客户经理无论语气还是用词，都必须坦率诚挚，中肯动听，避免与客户大声争辩，必要时要配以生动的表情与手势。如果准备面约客户的高层领导，而客户只派一个中层干部来负责接洽，客户经理就应该着重强调与其上司面谈的必要性，同时强调"我们领导本来是要亲自来的，因被更高领导临时叫住而抽不开身，他很快就会打个电话来表示歉意"。

2. 托约

客户经理委托第三方代为约见客户，如留函代转、信件转递、他人代约等。这种方法一般在代约人与客户很熟悉或客户经理很难直接约见到客户时采用。运用连锁法寻找客户时就经常使用托约，因为客户经理如果与某个客户很熟悉，就可委托他约见其他客户。

3. 广约

客户经理利用大众传播媒介或标准化的邀请函把约见的目的、内容、时间、地点等广而告之，届时客户经理在预定时间、地点同客户见面。一般适用差别不太大的银行产品的营销，例如某种新的银行存款品种。客户经理组织召开新产品推介会一般采取这种方式。

4. 函约

客户经理利用信函约见客户。信函通常有个人书信、会议通知、请柬、广告等，其中采用个人函件的形式约见客户的效果最好。在进行函件约见时，客户经理应注意信函的格式、长短、语气等。具体来讲，要注意以下几个问题：

（1）言辞要恳切，要以希望的口气和等待的语句请求对方而不能用生硬的上级对下级下达命令的方式，并对打扰对方工作、占用对方时间表示歉意。

（2）简单明了。只要将预约的时间、地点和理由向对方说清楚即可，切忌长篇大论，更不可加进一些不着边际的言辞。

（3）投其所好，供其所需，以增加客户的利益为主线劝说客户接受约见要求。

（4）留下联系方式，便于客户来电联系。常有粗心的客户经理忽略这点，以致客户拿到信函后不知找谁联系。

（5）在信函的最后一定要亲笔署上邀请者的姓名，如果邀请者是领导，也可以用签名章，但切忌用计算机打印姓名。

（6）选择合适的寄信时间，如果在客户工资发放日、生日等喜庆日子里让客户收到约见函，则效果一定会很好。

下面（专栏3-1）是常见的一种约见客户的信件（客户经理约见的是同业客户）。

专栏 3-1

关于拜访_____银行票据业务部的函

_____（客户名称）：

为促进我行与_____（客户名称）的业务交流与沟通，学习贵行在票据业务风险管理、产品创新与市场拓展等方面的成功经验与做法，我行希望能于本周三（5月10日）下午三点到您部拜访，请予接洽。现将有关情况说明如下：

（一）我行拜访人员名单

姓名	部门	职务	性别

……

（二）希望了解的内容

希望就贵部的运作管理作一全面介绍，包括组织架构、规章制度建设、风险管理举措、人力资源配置、市场拓展手段、内部处室设置与职能定位、产品创新机制、与您行相关部门的关系等。

（三）我行联系人名单及联系方式

姓名	职务	联系电话

致谢！

_____银行

（签名）

____年____月____日

5. 电约

客户经理利用各种现代化通信工具约见客户。如：电传、电报、电话、E-mail 等。在电约诸方法中，最常用的是电话约见。目前，很多企业就采用这种方式，它们要求销售人员每天打若干电话给目标客户以征询有无购买本企业产品的意向。电话约见客户前，旁边应放置好纸和笔，以便能随时做好记录。

（1）电话预约的会谈内容。在进行电话预约时，客户经理应注意不要在电话上推销产品。在打电话前，检查一下自己是否处于最佳状态，用一个干净利落的开头给客户留下良好的印象。约见电话只能限制在以下内容内：

●寒暄问候。一般是说："早上/中午/晚上好，我找某某先生。"这样就比光说"您好"更容易引起对方的注意。

●介绍自己和自己所服务的银行。要让客户清楚地记下自己是哪个银行的，叫什么名字。同时简单介绍一下自己的业务，注意一定要简短，千万不要在这个问题上花太多时间。

● 感谢客户。认识到客户的时间宝贵并对客户听你谈话表示感谢，这会让客户知道你把他当成重要人物来看待，有利于约见的成功。可以这样说："很感谢您抽出几分钟时间听我打电话，我一定尽量简明。"

● 告诉对方打电话的目的及双方利益的共同点。要让客户知道你为什么打电话，要谈会见可能给客户带来的利益，使客户对约见产生兴趣。

● 要求见面，告诉客户你将花费多少时间去拜访，比如说"我希望本周三下午能耽搁您半小时左右的时间，让我给您介绍一下我们××银行最新推出的产品，您看我周三下午两点整到您那是否合适？"拜访时间应尽量缩短，这样客户也乐于接受拜访。如果时间太长可能使客户产生畏惧心理。

● 商讨见面的时间、地点。最好不要说"我们准备周二上午十点去拜访您"这样的话，应说"我们准备在周二上午 10：20 去拜访您，您看怎么样"，时间精确到分钟，可以使客户经理同其他竞争对手区别开来。

● 最终确认日期、地点。如果客户地址比较偏僻，就一定要问仔细，以免到时候找不到地址。如果客户很重要，客户经理就应该事先开车踩一下点，熟悉一下路线，别到时候因交通阻塞或不熟悉路线而迟到。

● 在电话预约即将结束时，重复银行及客户经理的名字并表示感谢。比如说"非常感谢您抽这么长的时间接听我的电话，希望很快能进行当面交流"。

● 如果客户拒绝接见，客户经理应重复见面可能给对方带来的利益，以谋求客户对会见的兴趣。同时，向对方征求下一次打电话约见的时间，至少"交易不成友情在"。

● 如果目前离约定见面的时间还有一段时间，客户经理应发一封书面信函表示感谢，信函中除感谢信外，还可夹带一些银行的宣传资料。

（2）提高电话约见成功率的做法：

● 打电话前，将要说的要点写下来，反复练习，避免在沟通过程中偏离主题。

● 假设是在与亲朋好友讲话。

● 通过第三方推荐的方式进行。

● 借助能将银行与客户联系起来的东西开始谈话。

● 打电话前先写一封信，告知客户不久将会打电话问些问题，并写出打电话的日期和具体时间，打电话时就以此信为引子开始交谈。

● 讲话速度不易过快，注意讲话的音质。

● 要注意礼貌，尤其是刚刚接触的客户；如果可能的话，可先与对方决策层中的成员接触。

● 请客户允许自己提供更多信息并保持联系。

● 注意音量、语速、语调，讲话要清晰、缓慢。

● 保持良好的、积极的工作激情，让客户被你所感染。

● 不必抱着必须成功的心态去打电话，成功和失败各占50%，以避免自己大受伤害。

● 在打电话过程中，不能喝茶、吃零食，要专注同目标客户交谈，时刻抱有"客户在看着我"的想法。

● 遭到客户拒绝，既不能恼羞成怒，又不能一而再、再而三地要求对方。应该有礼貌地先说对打扰表示道歉，然后表示希望早日能够见面会谈。

● 如果客户婉辞拒绝："最近我很忙，以后再说吧"，客户经理也不应立即放弃，可尝试着说："您担任着重要职务，忙是肯定的，我完全理解，但我不会占用您太多的时间，最多半小时，还是请您定个时间接见一下吧！"

● 如果客户一口回绝："我们不需要这种产品，你不必来"，客户经理也不应气馁，可以继续争取一下："我请求见您，不仅仅是介绍我们银行的产品，还有一些问题向您请教，再说多了解一些银行产品最新的发展趋势、交流一些有用的信息也不错呀。"

- 在客户挂断电话之后你再挂断电话，切忌先于客户挂断电话。
- 挂断电话之前需要将电话要点复述一遍，并且放电话声音要轻。
- 电话联络的时间不宜过长，要记住"时间对客户很重要"。

第二节　实地拜访客户

拜访一般是通过电话预约进行，但也可采取直接拜访方式。对于邻近银行办公地点或在同一栋办公大楼内的公司的业务商谈就可以采用直接拜访方式，但此法最消极的一个方面是极高的拒访率。与电话拜访一样，客户经理也不要试图在进行直接拜访时推销银行的服务，而是要充分利用与客户见面的时间，去发现事实、收集人名及年报等资料、确定可能的需求、暗示可能带来的利益、约定商谈时间、确定联络人。如果这次不能进行深谈，客户经理应当留下自己的名片、送出一封追踪信、打一个追踪电话或者发一封电子邮件给客户，还可以利用这次未实现的拜访作为下次交谈的话题。

拜访前要做好这样的心理准备：能与客户确定合作框架是客户经理的福气，即使访问没有达到目的也很正常，应有失败及做持久战的准备。拜访时应树立这样的工作原则：投其所好，攻其要害，动其心弦。拜访前、拜访中乃至拜访后都应注意的是：营销客户的第一步实际上是营销你自己，包括你的人品（热情、勤奋、自信、毅力、同情心、谦虚、诚信、乐于助人、诚实等）和形象，营销的重点是银行的服务能给客户带来什么利益，而不是过多地介绍银行及其产品的具体技术特征。一切从客户需求出发，而不能离开客户而盲目谈论银行产品。

一、正式洽谈前的工作

拜访客户是一项很严肃的工作，客户经理事先应通盘考虑，不漏过任何一个可能影响拜访效果的细节。做好整个拜访计划、把握整个拜访节奏，使拜访能从一开始就向着有利于自己的方向发展。

（一）出发前需做的工作

（1）穿统一制服，注重保持良好的精神状态；如果没有制服，而且穿着又与客户不太相同，客户经理就应在见面的头几分钟努力协调同客户的距离。去拜访客户最好穿统一制服，但也不是绝对的，如果客户事前已经知道客户穿着很随便，客户经理就不必穿得很严肃，因为反差太大反而不易拉近距离。客户经理在出发前，应有意识地收集客户的爱好、习惯、年龄、性别等信息。

（2）携带好名片、笔记本、笔、包。这样就可给客户一个"银行已为这次拜访做了精心准备"的感觉，而不是"随意来拜访"的感觉。

（3）如果该客户是第三方推荐的，则需带好介绍函及第三方让转交的物品。

（4）携带好宣传材料、产品说明、已展开合作的客户名单及简况、专门针对被拜访客户所设计的金融服务方案及其他必备材料。

（5）告诉客户可能到达的时间。如果随同领导一起去拜访客户，这点尤为重要。因为客户可能要安排迎接等事宜。

（6）如果此行主要是介绍产品或介绍服务方案，应事先制作好PPT，并询问客户能否准备好投影仪，如果客户没有投影仪，则客户经理可携带前往。

（7）根据客户一方参加会谈人数的多少准备相应的礼品，礼品不必贵重，但必须实用、有纪念意义、与自己所在银行有关联，尤其是要保证品质。

（二）到达后的注意事项

（1）提前几分钟到达，千万不能迟到；由于特殊情况而迟到，要提前打电话告知客户（到达后还要表示歉意，并再次解释迟到的原因）。到达后，应先整理一下服装仪容，并酝酿一下情绪，保持微笑、开朗、向上的表情，力求自然，以帮助日后客户会议时，唤起好印象。

（2）拜访从到达客户服务台时就已开始，要给服务台人员留下良好的印象。面带微笑，但不要过分。离去时向服务台人员表示感谢。

（3）树立坚定的信念，确认访问一定成功，相信自己的到来能给客户带来有益的东西，因而会很受欢迎，切忌以失败者的形象出现。

（4）在客户引领人员的引领下到达会议室（洽谈室）后，向引领人员表示感谢。进入会议室后，尽量坐在靠近门口的位置上，以便客户进来时能够马上起身进行寒暄。

（5）在会议室中注意不要交头接耳，更不能大声喧哗，应耐心地等待，即使等候时间较长也不能露出不耐烦的神情，不要老是询问"怎么还没来呀"。最好不要在会议室抽烟，客户到来后如果不抽烟，客户经理最好也不要问"我能不能抽烟"之类的话，因为客户即使不愿意也不好意思拒绝，答应后心理也会产生对客户经理不满意的感觉。

（6）对会议室的摆设进行观察，尽量从会议室布置中归纳出这个客户的特点。因此，客户经理平时应注重观察能力的培养。在等待时，还可利用这段时间拟订腹稿、筹谋对策。

（7）有时客户会把他们的宣传材料放置在会议桌子上，客户经理应利用等待时间尽快阅读。

（8）将随身携带的礼品放在自己座位旁边，拿出笔记本和笔放在桌子上。

二、拜访的基本程序

拜访客户的基本目的在于说服客户接受银行的服务，以下技巧可以帮助客户经理成功地说服客户：在客户面前通过丰富的专门知识和良好的人际关系建立自己的可信度；确定与客户的共同范围或共同利益所在；利用生动的语言和引人注目的论据来实现自己的主张；与客户建立感情上的联系。而以下方式则会导致说服的失败：①试图用强求的方式来阐述自己的主张；②将妥协看作是投降而永不进行适当的妥协；③以为说服的诀窍在于提出伟大的论点；④把说服看成一种一次性的努力，一旦一次失败就轻易放弃。

（一）拜访的启动阶段

（1）通过寒暄与介绍，营造有利于业务开展的气氛。

应在确认对方的身份后再寒暄。双方寒暄与介绍的正式程度和时间长短应根据双方关系的性质而定。寒暄时不能含糊其辞，应力求幽默。力求在见面的头几分钟就给客户建立起良好的第一印象。调查显示，具有较好声音、散发着自信气息的客户经理最容易被客户所接受。常用的寒暄语言有：

- "近来工作忙吗，身体怎样？"
- "饭吃过了吗？"
- "您好啊！"
- "您气色不错！"
- "您这件衣服真漂亮！"
- "我听过您的演讲，棒极了，今天终于见面了！"
- "我好像在哪见过您！"

寒暄本身并不表达特定的意思，这种交谈只不过是一种礼节上或感情上的互相沟通而已，但这种沟通又是任何拜访场所必不可少的。在拜访过程中，寒暄能使单调的气氛活跃起来，尤其是初次拜访时，能使与你不相识的人尽快接受你。为建立起良好的第一印象，客户经理应该：

- 开心诚恳地微笑。
- 注视对方的眼睛，但不必过分紧盯着对方。
- 亲切地说出"您好"或其他问候语。
- 充满自信地与客户握手，短暂而有力，但不能太紧。双腿立正，上身略为前倾，伸出右手（对方主动伸出手时，应两手接握），四指并拢，拇指张开与对方相握，上下稍微晃动三四次，随手松开手来，恢复原状。为避免和那些不愿握手的人出现尴尬局面，客户经理可保持右臂曲放在体侧姿势，这样可做到伸缩自如。
- 寒暄虽然没有特定的内容，但不能与环境及对象的特点不相称，应该"到什么山上唱什么歌"。

●互道姓名。客户经理应正式地介绍自己和同事，同时要记住对方的名字。

（2）交换名片。

●名片制作要新颖别致，一般用银行统一印制的名片即可。切忌印很多头衔在上面。

●名片事先要准备妥当，以便随时从名片夹中取出，切忌直接从衣袋中掏出来递给对方。

●名片要放在身上易于掏出的位置。

●不能将弄脏、卷角的名片交给客户。

●取出名片时先郑重地握在手中，然后态度虔诚、恭敬、从容、自然、亲切地送到对方手上。

●双手递送名片，以示尊重，且名片的文字要正向对方，以便对方观看，并说出"请多关照"等字眼。

●接名片要恭敬，应用双手接受，并说声"谢谢"；接到手后应马上细看，不可只瞟一眼；看完后应立即说"您就是王总啊！"，以示过去就非常崇拜他。

●与多人交换名片时，要依次进行，或由近而远，或由尊而卑。

●遇到名字中不认识的字时要请教对方，对方会认为你很尊重他。

●初次见面接到多张名片时，可按对方座位的顺序依次摆好名片，以免记混。

●把名片放在桌上，不可压在笔记本下或放进口袋（会谈结束时，要谨慎地把名片收起、装好）。

●如你想得到对方的名片而对方没有给你，可积极索要，并主动把自己的名片递过去。

●接受别人的名片就要递送自己的名片，否则就是无理拒绝、修养不高的表现。

●如果不想给对方名片，不宜直接拒绝，可以说"对不起，我忘了带名片"或"抱歉，我的名片用完了"。

（3）介绍的内容与形式取决于对当时情况的判断。

● 初次见面要注意称呼：对新客户，如对方只讲姓氏而未提供名字，则应采取正式的称呼，如"某先生"、"某小姐"、"某女士"；如对方提供名字，则意味着对方有意向与您接近，但此时称呼对方时仍要称呼其职务。

● 在社交场合，一般称呼对方的职务（"王总"）、职称（"刘工"）、学衔（"张博士"）、职业（"陈律师"）等。如果对方是副总经理，可把"副"字省略；如果对方是总经理，则不可把"总"字省略，而只称呼"经理"。

● 与客户关系混得很熟且地位与对方相当时，可直呼其名以示亲切。但无论关系多熟悉，在正式场合都要称呼职务；称呼对方时不能一带而过，在称呼对方后要暂停一下，以引起对方的注意。

● 如客户对银行或客户经理不太熟悉，应简单介绍一下银行的情况、客户经理的职位及银行的业务。

● 称呼客户避免吐出"唉"、"喂"等字眼。

（4）拉近同客户的距离。

● 通过谈论一些与此次拜访无关的话题来与客户套近乎。话题应该是客户感兴趣的，可根据对方从事的专业、工作等方面引出对方可能感兴趣的话题，不能对爱好体育的客户谈艺术。客户经理平时应锻炼自己在这方面的判断能力，也可事前了解该客户的爱好、习惯，以关心客户的方式入题。话题一般有社会问题、家庭问题、孩子教育问题等。当然在谈论上述问题时，客户经理不要探询客户的隐私，除非客户在先，也不必随意发表评论或建议。

● 套近乎的内容要简练，时间不宜过长。过长会给客户一种虚伪的感觉。

● 套近乎可通过赞美对方、求教对方、谈论对方熟知的人、谈论办公室的摆设等方式进行。

● 客户经理与客户套近乎时，一定要显出虔诚、认真的样子，语言要幽默。

● 开门见山把能给客户带来的利益说清楚，或者以新奇的银行产品引起客户的好奇心。

- 间接消息接近："我是××介绍来的，我想他一定打电话给您了吧"，或者"上次××客户买了我们银行的理财产品，现在收益已到3000万元了"。

- 实际问题接近："听说最近您这儿要进口一批设备，可能缺些资金。"

- 故意说错话，待对方批评指正时再借题发挥。

- 通过地域感与亲情感来拉近距离。

（5）简要说明成行的原因。

介绍成行原因的目的在于引入拜访的最重要部分——对客户介绍银行产品。成行的原因可以是：第三者的介绍、报纸上宣传客户的文章、拜访前的约定、银行最近推出新产品特来专门告知等。

（6）陈述此行的目的。

- 目的可以是直接而具体的，如就贷款事宜进行具体商谈；也可以是一般的，如泛泛介绍银行的服务，从中发现可以进一步合作的空间。

- 陈述的出发点是给客户可能带来的利益。只有客户意识到能给他们带来利益时，才有可能进行下一步的商谈。

- 在谈到可能给客户带来的利益时，应注意锁定客户的利益期望水平，做到既能唤起客户的兴趣，又不能引发客户产生过高的期望值。利益最好能够量化，可将新产品与传统产品进行比较，算一笔账，看看新产品相对于传统产品来讲，可以给客户节约多少成本或增加多少收益。

- 注意客户对所陈述目的的反应，如对方认可，则进入通过提问来了解客户需求阶段。

- 通过客户可能感兴趣的话题来衬托对拜访目的的阐述。客户可能感兴趣的话题主要有：能改善客户生产经营状况及市场形象；有利于客户采用的新技术；能帮助客户解决现存的问题；提供给客户避免风险和损失的机会；对客户有益的信息。

● 如果对方明显回避某个话题，即使你认为这个话题是他的专长，你也最好不要追根究底，勉为其难。对方不感兴趣的话题，你即使很感兴趣也不能自顾自地畅谈不休。当对方对某个话题失去进一步畅谈的兴趣时，你要适时地转移话题；当自己对对方的谈话失去兴趣时，你可通过提出一个富有启发性的问题，或抓住对方的某一句话，自然地转移到另一个双方都感兴趣的话题上，这样双方的自尊和兴趣都能不受损害。

（7）通过过渡性问题进入正式洽谈阶段。

● 从寒暄到进入正式会谈需要做些铺垫，铺垫通过过渡性问题来进行。

● 过渡性问题的选择应同拜访的目的相联系，如推销贷款，则从讨论客户的资金需求开始；如推销银行的顾问业务，则可从客户需借助外来智力谋求发展谈起。

（二）进入拜访主题阶段

1. 认清客户需求，了解客户动机

在此阶段，应注意把握客户显露出来的需求、兴趣，目的在于帮助客户确定或解决他们的问题，以便为讨论银行产品打下基础。客户经理主动通过提出问题，鼓励客户谈论他的业务、存在的问题、所关心的东西、经营状况、目前的业务关系、内部的管理问题、今后的打算等，从中梳理出客户的需求。当客户对目前的产品或服务不满意时，意味着客户经理的机会来了。客户经理应告诉客户你能提供更具价值的产品或服务。

此阶段需要提问、观察、倾听和综合技能，同时也需要耐心和自制力，它意味着提出问题后要拿出 5～15 分钟或更多时间来倾听客户回答，并从中挑选出关键问题加以分析。要了解以下问题：客户已有什么，还需要什么；在已得到的服务中客户最喜欢什么；客户想对目前得到的服务作何改进等。

2. 阶段性确认

客户经理可通过检测客户认可、理解的情况，并深入研究客户的反映，评估将银行产品与客户需求联系起来的成功程度，来确定下一步的行动：是否继续重复某一问题的讨论；是否继续进行问题调查；对拜访作出总结还是开始启动产品销售等。如果客户在某些领域存在不满意、不理解、缺少兴趣或尚未意识到可能带来的利益，客户经理应当场作进一步的解释与引导，以消除客户的疑虑。

此阶段的目的：

（1）确定客户对所传递信息的认可及接受程度。

（2）提高客户经理与客户在业务洽谈过程中思考的同步性。

（3）增强客户经理调整销售方法、产品重点、内容、节奏的灵活性。

（4）使客户经理处于主动地位，以便推动产品启动。

（5）发掘问题，找出双方产生分歧的原因，并提供解决问题的机会。

（6）维持对话的进行。

（7）在提出产品启动时减少客户反对的可能性。

3. 正式启动产品销售

有时产品销售的启动需要通过多次拜访才能开始。当每次拜访达不到产品启动的目标时，客户经理应对每次拜访都作出总结，以便尽快进入产品启动阶段。不同产品的启动程序是不同的，客户经理应明确理解每一项银行产品的启动步骤，并向客户做介绍。如果客户反对产品启动，客户经理可有礼貌地询问客户反对接受银行产品的原因，或通过其他方式努力找出客户反对产品启动的原因。

产品销售启动后，客户经理应该进一步收集目标客户的资料及其他相关资料，建立目标客户的信息档案。

（三）拜访结束阶段

1. 决定结束拜访

以下情况意味着客户经理应该适时结束拜访：客户通过明示或暗示等途径表示已无意继续洽谈；事前约定的会谈时间已到而客户又有其他安排好的事情（客户同意继续洽谈的情况除外）；达到了洽谈目的，已决定进入下一步工作阶段。

拜访结束时通常有三种结果：最好的结果是达成了一致意见，双方都满意；其次的结果是部分有成效，剩下的问题下次再谈；最后的结果是没能达成任何共识。无论是何种情况，客户经理都要以积极和专业的方式面对拜访结束，都应为下次会谈留下余地。切忌草草收场，不了了之，或者拖泥带水，含糊其辞。对不同类型的客户，创造再访机会的方法也有所不同：

（1）对优柔寡断型客户可明示再访日期和时间，"我下周二 12 点左右再来进行更详细的会谈"，如客户没直接反对就表示默认了；如果客户说"不行，下星期我没时间"，你就应该说"那么，我下下星期再来"。对此类客户不能这样问："您看我下次什么时候来比较方便？"

（2）对自主果断型客户要由他决定，可试探性地相约，以免客户的自主权被侵害，如："我下星期再来作一次说明，您看是否可以？"

（3）如果客户明确表示不需要再进行约谈了，客户经理也不要信以为真，应留下有机会再来拜访的暗示。

2. 向客户索要有关资料

尽管客户资料的收集一般在会谈结束后通过调研工作专门进行，客户经理还是应该在此时尽可能地多获得一些资料，如果当时时间紧迫，也应使客户高层决策者明确一下谁负责提供资料这件事，以便拜访结束后找到此联络人进行资料收集工作。

3. 向客户告辞

即使本次会谈没能取得成效，客户经理也应表示感谢。告辞前客户经理应将带来的礼品交给客户，如果客户经理是陪领导来的，则客户经理应将礼品先交给领导，再由领导交给客户。告辞时要和来访时同样有礼貌。在离开门口时，应倒退着到门口并再一次表示礼貌的态度。尤其要注意关门的动作应温文尔雅，不可粗暴地关上，争取给客户留下"难忘的背影"。

三、拜访总结

客户经理在拜访结束后，应填制拜访总结表（如表 3 - 2 所示），对拜访过程进行总结，以积累客户开发经验，同时对于重要客户的拜访应尽快撰写拜访报告，就目标客户的基本情况和应该采取的相应对策提出建议。拜访报告的组成要素主要有：拜访的对象、参加人员、会谈地点、会谈要达到的目标、为会谈而做的各项准备工作；会谈的主要情况，包括内容、方式、达成的共识；下一步的工作重点、工作方式等。

拜访报告主要是提交给上一级客户经理做参考，或为上一级客户经理做考核客户经理工作之用。拜访报告也可采取会谈纪要的方式撰写。但无论何种方式，都应力求简洁。

表 3 - 2   拜访总结表

编号：

被拜访客户名称		我方参加人员	
本次拜访是第几次拜访		对方接见人员	
拟达到的拜访目标		拜访时间	
实际达到的目标			
如未达到拜访目标，请分析主要原因			
拜访启动阶段主要收获与经验			
进入拜访主题阶段主要收获与经验			
拜访结束阶段主要收获与经验			
最后总结			
收集到的资料清单			
散发了哪些资料，有何效果			
操作、批评与修正			
下一步工作打算			

拜访总结人员及参与人员签字：

年　月　日

注：①导致拜访失败的原因主要有：银行的资源难以满足客户需求；银行在规模、体制、机制、经营理念和兴奋点等方面与客户不对等；双方合作存在法律政策障碍；客户有兴趣，但碍于目前与其他金融机构的关系，难以与本银行建立合作关系等。

②"最后总结"栏含对客户的初步整体评价、开发此客户的难点与机会、本银行已宣传推介的服务产品、拜访达成的主要结果等内容。

专栏 3 - 2

心理需求理论

拜访客户既是为了拉近与客户的距离，更是为了通过近距离接触了解客户的需求。需求包括业务需求和心理需求等。业务需求非常重要，我们营销客户的目的就是通过满足客户的业务需求来提升自己的收益。但"做事"之前要先"做人"，了解并满足了客户的心理需求，往往更容易识别客户的业务需求。因为只有双方心理距离拉近了，才能谈业务方面的事进而推进合作。如果直接切入业务主题，恐怕效果不会很理想。

不同客户，心理需求也不相同。但也有一些共性的东西。银行营销人员要做的，就是把这些研究出来的共性与自己观察到的个性有机结合起来，准确判断客户的真实心理需求。下面简单介绍几种心理需求学说。

（一）马斯洛的需求层次理论

美国心理学家马斯洛在 1943 年所著的《人的动机理论》中，提出需求层次理论。他认为人的需求是多种多样的并且是以层次的形式存在的。他按照等级顺序将人们的需求分为五类，由低到高依次为生理需求、安全需求、社会需求（归属与爱的需求）、尊重需求和自我实现需求。

1. 生理需求

也是级别最低、最具优势的需求，如食物、水、空气、住所、健康。未满足生理需求的特征：什么都不想，只想让自己活下去，思考能力、道德观明显变得脆弱。例如，当一个人饿极了的时候，会不择手段地抢夺食物。这一需求反映在组织环境中，就体现为对足够的热量、空气（工作环境）及保障基本生存的工资的需求。

2. 安全需求

同样属于低级别的需求，其中包括对人身安全、生活稳定以及

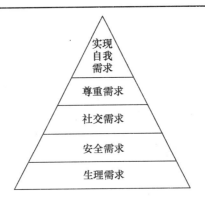

图3-1　马斯洛的需求层次理论图

免遭痛苦、威胁或疾病等的需求。缺乏安全感的特征：感到自己受到身边事物的威胁，觉得这世界是不公平或是危险的，因而变得紧张、彷徨不安。在组织环境中，这一需求体现为对安全的工作，工作场所的安全保护以及附件福利的需求。

3. 社交需求

属于较高层次的需求，如对友谊、爱情、希望被别人接受以及隶属关系的需求。缺乏社交需求的特征：因为没有感受到身边人的关怀，而认为自己没有价值活在这世界上。

4. 尊重需求

属于较高层次的需求，如成就、名声、地位、晋升机会以及他人的注意、肯定、欣赏等。尊重需求既包括对成就或自我价值的个人感觉，也包括他人对自己的认可与尊重。无法满足尊重需求的特征：变得很爱面子，或是很积极地用行动来让别人认同自己，也很容易被虚荣所吸引。

5. 自我实现需求

是最高层次的需求，包括针对真善美至高人生境界获得的需求，因此前面四项需求都能满足，最高层次的需求方能相继产生，是一种衍生性需求，如自我实现、发挥潜能、爱做慈善等。

上述五种需求，有如下特点：①五种需求按层次逐级递升，但次序并非固定不变，也有例外情况，存在越过某一需求而产生更高层次需求的情况。②在多种需求未获满足前，最迫切的需求最先需要满足。③某一层次的需求相对满足了，就会产生更高层次的需求。对于获得基本满足的需求，激励效果就不明显了。④生理的、安全的和感情的需求都属于较低层次的需求，这些需求通过外部条件可以满足；而尊重的需求和自我实现的需求属于较高层次的需求，这些需求通过内部因素才能满足，而且一个人对尊重和自我实现的需求是无止境的。⑤同一时期，一个人可能有一种需求，也可能有几种需求，但每一时期总有一种需求占支配地位，对行为起决定作用。任何一种需求都不会因为更高层次需求的发展而消失。⑥各层次的需求相互依赖和重叠，高层次的需求发展后，低层次的需求仍然存在，只是对行为影响的程度减小。⑦一个国家多数人的需要层次结构，是同这个国家的经济发展水平、科技发展水平、文化和人民受教育的程度直接相关的。在不发达国家，低层次需求占主导的人数较多，高层次需求占主导的人数较少；在发达国家，则刚好相反。

（二）ERG 理论

耶鲁大学克雷顿·奥德弗尔教授对马斯洛的需求层次理论进行了修订，使之与实证研究的结果尽可能一致，提出 ERG 理论。所谓 ERG 是指奥德弗尔提出的三种核心需求：①生存需求，指维持生存的物质条件，相对于马斯洛的生理与安全需求。②关系需求，指维持重要人际关系的欲望，相对于马斯洛的社交需求。③成长需求，指追求自我发展的欲望，相对于马斯洛的自尊与自我实现需求。

ERG 理论相对于马斯洛需求层次理论的特点正如 ERG 指出的，各种需求可以同时具有激励作用；如果较高层次需求不能得到满足，对较低层次的需求欲望就会加强。

（三）"三重需求理论"

20 世纪 60 年代，美国哈佛大学教授戴维·麦克利兰提出"三重需求理论"，认为人有三种重要的需求：①成就需求，即追求优越感、成就感和追求成功的需求。不同的人成就需求不同，其行为、处事方式也会不同。如有的人宁愿在只有 10% 的可能情况下争取赚得 10000 元，也不愿在 100% 可能下赚取 100 元。②权力需求，即让别人顺从自己意志的愿望。不同的人对权力的渴望程度不同。在组织中地位越高，对获得更高权力的欲望越强。③亲和需求，即寻求与他人建立良好人际关系的欲望。

第三节　提高拜访的效果

如何拜访客户是一门艺术。拜访客户有很多技巧，客户经理如能掌握拜访技巧，就能提高拜访的成功率，达到事半功倍的效果。掌握拜访技巧的途径一靠日常揣摩，二靠经常使用。

一、客户经理应该克服的访谈禁忌

中国有句俗话，叫"礼多人不怪"，讲究访谈礼仪的客户经理没有不受客户欢迎的。从访谈开始到结束，客户经理都应注意自己是否注意了访谈礼仪。下面列出的是客户经理在拜访过程中不该出现的几种情况：

（1）交换名片或寒暄问候时漫不经心。

（2）与熟悉客户不太注重礼仪，或会谈时采取敷衍态度。

（3）不使用敬语，只使用一般的用语说话。

（4）对客户的举止感到反感时直接表现出来。

（5）洽谈过程中自己表现得太随意。

（6）忘了带够资料也不表示歉意。

（7）试图以自己的喜好来说服客户。

（8）利用客户的一时疏忽做有利于己方的洽谈。

（9）对主要决策人尊重有加，而对其他人却态度随便。

（10）出现食言，推翻先前的承诺，无法取信于客户。

（11）只凭自己的感觉来回答客户的问题。

（12）没信心回答客户问题时采取逃避态度。

（13）以为考虑客户利益就会使己方利益受损。

（14）随意打断别人的谈话。

（15）抓住客户的一点过失，攻击客户，以显示自己有水平。

（16）说话太多，信口开河，不注意说话的分寸。

（17）过于急躁，给客户不稳重的感觉。

（18）不注意言谈举止：语言粗俗、说话不冷不热；挖苦、吹牛、撒谎、油腔滑调或沉默寡言；太随便、挖耳搔头、耸肩、吐舌、咬指甲、舔嘴唇；不停地看表、皮笑肉不笑；东张西望、慌慌张张等。

二、进行语言交流

与客户洽谈，关键是要同客户的主要决策人进行洽谈（当然也不能忽视其他人员，尤其是能影响客户主要决策人进行决策的人），因为只有主要决策人才能决定是否同银行进行合作。一般来说，客户的法人代表、总经理、常务副总经理、财务总监、总会计师（及以上人员的秘书、贴身人员、家属等）都可能是实际决策者。

客户类型不同、性格特征不同，与之交往的方式也不相同，客户经理应根据客户的不同特征选择不同的应对技巧、采取不同的谈话方式。基本原则是：根据对象的年龄、性别、性格、兴趣、爱好等特点决定语言交流的方式，使对方便于接受；以诚立言，给对方以信赖感；切合时间、场合、上下文及前言后语等语境，灵活应对；简洁、明快、得体，注意修饰语的使用，多使用委婉商量的语气；有时运用模糊语言或"善意的谎言"。

（一）察言观色，对客户作出判断

如果一个人经常谈论自己的经历、看法、态度与感情，则说明他比较外向，感情比较强烈，主观色彩较浓、爱慕虚荣、炫耀自己；如果一个人很少谈论自己的经历、看法、态度与感情，则说明他性格比较内向，主观色彩不浓，不太注重自我表现，也可能有点自卑。

如果一个人在集体场合讲话主动，则往往性格外向，富有自信心的表示；如果一个人在集体场合经常处于被动地位，不爱讲话，则一般性格内向，也可能自信心不足，或比较沉着，善于倾听别人的意见。

如果一个人用词高雅、精确，讲话干净利落，说明他有较好的文化修养，办事比较干练果断；如果一个人讲话词不达意，抓不住重点，则说明他办事拖拉迟疑，修养不高；如果一个人用词夸张、粗俗，讲话不慎重，则说明其办事不负责任。

如果一个人不太愿意评价别人，则此人可能较为正直；如果一个人喜欢评头论足，则此人可能比较虚伪。

如果一个人谈论生活琐事过多，则此人可能属于安乐型，比较关注生活的安排；如果一个人见面就谈工作，则可能是个对工作非常负责任的人；如果一个人喜欢谈论国家大事或喜欢畅谈未来，则此人可能是个事业型的人，喜爱对未来的规划。

如果一个人注重事情的结果而不关心事情的过程，则此人可能比较关心宏观的全局性的话题，具有支配别人的欲望；如果一个人喜欢谈论具体事宜，注重事情过程，则此人可能比较关心微观的局部性的问题，支配别人欲望不强，顺从性比较明显。

如果一个人讲话快而急，往往脾气急躁，具有粗枝大叶的毛病；如果一个人讲话缓慢，则说明他生性比较沉着，考虑问题周到；如果一个人讲话快而不急，则可能办事果断，轻易不会改变自己的主张。

（二）应对不同类型的客户

1. 沉默寡言型

这类客户对客户经理的劝说之词虽然认真倾听，但反应冷淡，不轻易谈出自己的看法，其内心感受和评价如何，外人很难揣测。一般来说，这类客户比较理智，感情不易激动，但一旦认可了客户经理的介绍，往往易成为银行的忠实客户。对此类客户，客户经理应该有多少就说多少，不必费很多口舌，但需注意所说的话应落地有声，不能食言，争取给客户以信任感。

2. 喜欢炫耀型

这类客户爱听恭维、称赞的话，喜欢自我夸张，虚荣心很强，爱把"我如何如何"挂在嘴上，不肯接受他人的劝告。对此类客户，客户经理听得越充分（要用耐心去听对方的自我吹嘘），称赞得越充分（要多称赞对方），得到的回报就会越多。

3. 讨价还价型

这类客户往往为自己的讨价还价能力而自鸣得意。客户经理有必要满足一下他的自尊心，在口头上做一点适当的妥协："就按您说的好了。"对此类客户，客户经理要让他知道他的讨价还价技能很高，让他觉得自己重要并独特，如果认为可以对他的服务提供优惠，客户经理就该与产品经理磋商。当然，客户经理也不必牺牲银行的利益来满足此类客户的额外需求。有时，客户经理可以仅仅是一封感谢信或一些感谢电话，让客户感到自己很重要就行了。

4. 不急不躁型

对此类客户，客户经理不能急躁、焦虑或直接向其施加压力，应该努力配合他的步调，脚踏实地地去证明、引导，慢慢就会水到渠成。

5. 脾气急躁型

这类客户善于感情用事，反复无常，在面谈中常常打断客户经理的宣传解释，妄下断言，而且对自己的原有主张和承诺，都可能因一时冲动而推翻。对这类客户，客户经理要精神饱满，清楚、准确、不拖泥带水地回答对方的提问。应注意话语的简洁、抓住要点，不扯闲话、废话，不给对方留下冲动的机会和变化的理由。

6. 善变型

如果此类客户已与其他银行合作，客户经理仍有机会说服他与自己合作。但合作开始后，应注意用有效手段锁定他。

7. 多疑型

这类客户对客户经理的每一个行动都持怀疑态度。但他一旦认可了客户经理的能力及银行的服务水平，就极易对客户经理产生高度的忠诚。客户经理应对此类客户的反对意见表示欢迎，甚至可赞扬他如此聪明以至能提出如此有水平的问题。此外，客户经理要让客户了解你的诚意或让他感到你对他的提问很重视，比如："您的问题真是切中要害，我也有这种想法，不过要很好地解决这个问题，我们还得多交换意见。"

8. 大方型

这类客户会说话，城府深，善做表面文章，易接近，但难对付。应对策略是：自始至终保持冷静机智，适时运用幽默技巧旁敲侧击，点到为止；要多拜访，找准突破口，以真诚之心打动他。

9. 令人讨厌型

这种人希望得到肯定的愿望尤其强烈。客户经理不能表现出反感、不满，应在保持自己尊严的基础上给对方以适度的肯定。除非这个客户很重要，客户经理不必花很大代价去接洽此类客户。为了减少此类客户造成的负面影响，客户经理可以在他午餐前几分钟或者马上下班的时间打电话，这样他就不会唠叨很久；如果他在其他时间打电话来占用你宝贵的时间，客户经理应礼貌地打断他。比如可以这样说："很高兴您能打电话给我，可我有个会议，正要出去。这之前的五分钟您看我能为您做些什么？"

10. 优柔寡断型

这类客户外表温和，内心却总是瞻前顾后、举棋不定，一般表现是：对是否接受银行服务犹豫不决，即使决定接受，也会对银行产品的价格及提供方式等内容反复比较，难以取舍。对这类客户，客户经理要牢牢掌握主动权，充满自信地运用公关语言，不断地向其提出积极的建议，多运用肯定性语言，以消除客户的犹豫心理。

11. 知识渊博型

客户经理应该多聆听对方讲话（这样可以吸收有用的知识与资料），同时给对方以自然真诚的赞许。这种客户往往宽宏、明智，在说服他们时，只要抓住要点，并不需要费太多的口舌与心思。

12. 信仰依赖型

这类客户一旦相信了客户经理的能力，就会非常乐意与客户经理打交道，并且会重复消费银行的产品。但一旦对客户经理的能力产生怀疑，这类客户就会离客户经理而远去。对此类客户，客户经理应靠卓越的产品和优质的服务来满足。

13. 理性消费型

这类客户属于与人保持适度距离，重视事实，具有高度责任感的那种人。在与客户经理打交道时，他们不让个人情绪介入，不易为外界事物和广告宣传所影响，喜欢公事公办。对此类客户，客户经理必须以专业的方式提供服务，要让他知道您理解他工作的重要性及挑战性。并且最好以书面的方式处理每个细节，准备每份文件。在会谈前，最好把准备会谈的内容先传真给他。客户经理不必尽力与此类客户变得彼此太熟悉。

14. 集权型

这类客户具有坚强的意志，希望在公司中谋求更有权力的职位，控制别人的欲望特别强烈，他希望每件事情都向他汇报。对此类客户，应着重赞扬他的重要性，指出他的能力对公司的价值，并且注意礼貌，在会谈前做好充分准备。

15. 外热内热型

这类客户对客户经理非常热情、关心和热心，能办的事情能够果断应允，即使他本人办理有困难，也会尽量帮助你，为你出主意、想办法指点迷津。对这类客户，客户经理要以多种形式给予恰当的回报和回应。

16. 外冷内冷型

这类客户面色阴沉，口无好言，对客户经理没有丝毫的热情，事情能推就推，能拖就拖。对这类客户，客户经理要分析其外冷内冷的原因，是心理受过创伤，还是仕途不顺，抑或性格内向、浅薄无知、目中无人？分清原因后，客户经理可对症下药，或者更换营销对象，或者更换会谈时间，或者干脆换一个客户经理前去营销。

17. 外热内冷型

这类客户对人热情、礼数到位，但对沟通的实质问题（购买银行产品）却显得非常谨慎，不轻易答应，或者办事拖拉。潜在的原因可能是此人有职无权或无职无权、心有余而力不足；也可能是工作谨慎，加上气魄不大；也可能是典型的双重人格，习惯于逢场作戏，根本就没把客户经理的到访当回事。客户经理应充分利用客户经理"热"的一面，多了解一些信息，将"冷"转化为"热"。

18. 外冷内热型

这类客户对客户经理的接待一般，甚至偏冷，但如果客户经理各方面表现上佳、工作得法，其办事还是比较热心、实在的。导致客户外冷内热的原因可能是多年来形成的待人接物的习惯，也可能是恰巧当时事情较多。客户经理不应过分在乎客户的态度，要通过观察和简短的交谈，迅速判断冷淡的原因，从而找出共鸣点和共同点。

（三）主动倾听的技巧

主动倾听，给客户足够的时间谈看法、打算。客户经理应该积极地、有意识地集中听取客户的讲话，即使客户的叙述有些啰唆重复，令人厌烦。客户经理不应滔滔不绝地向客户倾吐自己的见识和经历，而应通过倾听让客户感到自己对客户经理很重要，因为倾听是通向合作的阶梯。

（1）讲求"三心"，即"耐心"、"虚心"和"会心"。耐心：出于对客户的尊重，客户经理应该保持耐心，不要带着偏见去听别人的谈话，当别人谈话时，尤其是客户谈兴正浓的时候，不要做其他事情或显出不耐烦的样子。虚心：持虚心聆听的态度，尽量少打断客户的讲话，直到客户讲完；客户一旦要讲话时，客户经理要适时停止自己的讲话，避免自己滔滔不绝地讲很久。不要抢着说话，也不要使自己陷入争论。会心：听客户讲话，并不是被动地接受，还应主动地反馈，这就需要作出会心的呼应。在对方说话时，客户经理可不时发出听懂或赞同的声音，或有意识地重复某句你认为很重要的话。还可用适当的插话和提问暗示你对他的话特别感兴趣，以支持倾听。

"三心"归结到一点，就是要认真听，不能给对方心不在焉的印象。

（2）讲求"六到"，即"耳到"、"眼到"、"脑到"、"心到"、"口到"和"手到"。"耳到"，即仔细聆听对方所讲的话，品味其中是否有隐含的意义。"眼到"，即观察对方身体语言，判断其是否加强所要表达的信息；与对方目光接触，观察对方为敌意或好意。"脑到"，即及时把对方所讲的话进行归纳，思考对方说话的内容，以决定下一步行动。在听的过程中，要及时将各种信息联合起来进行思考，相互佐证，以求真实。"心到"，即以同情心感受对方的立场。"口到"，即正确响应，通过询问探寻对方的真实意图，不能自欺欺人，不清楚的要问清楚，不知道的要搞明白。"手到"，好记性不如烂笔头，要做好记录，尤其是关键内容，以利于事后加以分析以唤起记忆。

（3）排除干扰，专心倾听，以免对方问出某个问题而你却不知所云。如果你还在思考其他问题，应把问题抓紧记下来，然后回过头来全神贯注接下来的谈话。尽量不要接电话或左右张望，以免给对方留下不重视他谈话的印象。

（4）把桌子上的东西有条理地摆放好，在谈话人与你之间无任何东西，这样便于集中注意力。

（5）在椅子上坐直，头部略微前倾，不要交叉胳膊和双腿，时刻保持清醒的头脑，眼睛不时地盯住对方，对客户谈话中能认同的部分，客户经理应该及时颔首点头，以示赞同。

（6）既要注意听取客户的言辞，更要注意客户谈话时的重点词句或隐含的要点。可能意味着合作机会的语句有："某人或某单位曾提出过一个建议"、"我们需要更大的灵活性"、"我们需要更大的支持"、"我们的董事会"、"关于某件事的抱怨"以及"太复杂了"等一些模棱两可的话。当出现这些话语时，客户经理可主动插话，确认并抓住可能的机会，但应注意插话的语气，应先征得客户的同意。

（7）记笔记。记笔记既能表示对客户意见的重视及尊重客户，也有利于提高精神的集中程度和抓住客户谈话中的要点。如果笔记记得很好，在访谈结束后可整理一份备忘录递交给对方，这样可引起客户对你的特别注意。

（8）依据客户谈话时出现的重点词句，在心中建立一个要点目录。与客户谈话时，参阅心中的要点目录，以使自己的谈话能引起客户的共鸣。回答客户的提问时应把客户提到的要点都涵盖在内。

（9）客户经理的讲话应从同意对方的讲话开始（"我同意您就某个问题的看法"），以把客户的心境引入乐于讨论的气氛中，不能出现"我不同意"、"不能这样"之类口气生硬的词句。

（10）主动对客户的话进行反馈，或者不时发出表示倾听或赞同的声音，或者以面部表情及动作向对方示意，或者有意识地重复某句你认为很重要的话。如果没听清客户的话，客户经理要有礼貌地提问，以弄清客户的话语。从另一方面看，这也显示出客户经理对客户的讲话很关切。

（四）主动发问的技巧

客户经理不光学会主动倾听，还需学会主动发问。向客户提问意味着你对客户和客户的需求感兴趣，会让客户意识到自己的意见对客户经理很重要，同时客户经理通过提问还可以发现客户感兴趣的领域或激发客户对某领域的兴趣。你会发现，好的提问是刺激、引导交流的一个神奇的工具。当你发现说话者所说的并不是你所需要的信息或你无法完全理解说话者的本意时，你就需要提出问题了。通常提问要确定三点：提问内容、提问方式和提问时机。客户经理应通过精心构想的问题及答案控制同客户的洽谈话题。

1. 封闭式发问方法

封闭式提问一般用"是"或"否"来作答。回答这种提问一般不需要花太多时间进行思考，但这种提问含有相当程度的威胁性，往往容易引起被提问者的不快，故要谨慎使用这种提问方式。这种发问方法又有以下几种情况：

（1）选择式发问。选择式发问是以提供两种可选择的建议来实施的，通常用于预约及时间等关于日程确定的情形。比如："我们是周四上午见面，还是下午见面更好些？""我们是周一上午九点到贵公司洽谈好呢，还是周二上午九点到贵公司洽谈更好？"

（2）澄清式发问。这是针对对方答复重新让其证实或补充的一种问话方式，如："听说你们证券公司准备选择一家证券交易结算资金存管银行，决定了没有？"这种提问在于让对方对自己说过的话作进一步的明确。

（3）暗示式发问。这种发问方式本身已强烈地暗示出预期答案，如"只要我们精诚合作就一定能实现双赢，您说对不对？"这类提问实际上已包含了答案，无非是敦促对方表态而已。

（4）参照式发问。把第三者意见作为参照系来提出问题，如"某人认为我们彼此之间应该建立战略合作关系，您以为如何？"如果第三方是客户所熟知的人，则效果会更好。

（5）约束式发问。约束式发问的要义在于把客户的注意力约束在客户经理所提的问题中，使客户作出肯定的答复。具体做法是，在陈述完某一事情后，通过各种形式、各种时态的反问来得到客户的认同。常用的反问语句有："……难道不是这样吗？""……难道不这样认为吗？""……这样做不是很好吗？"

2. 开放式发问方法

开放式发问指在广泛的领域内带出广泛答复的提问方式，通常无法用"是"或"否"等简单的措辞作出答复。如："您对贵公司当前的经营情况有何看法？""贵公司对明年的工作有何打算？"等。这类提问因为不限定答复的范围，能使对方畅所欲言，自己也能获得更多的信息，因此，客户经理可多采用这种提问方式。这种提问方式又有以下几种情况：

（1）探索式发问。探索式发问是针对对方答复内容，继续进行引申提问的一种方式。如："您刚才说对某银行的服务不太满意，能不能告诉我你们对哪些方面不太满意？"这类提问不但可以挖掘比较充分的信息，而且可以显示出对对方所谈问题的兴趣和重视。

（2）启发式发问。这是启发对方谈看法和意见的一种发问方式。如："现在接近年中了，能不能谈谈您对贵公司上半年工作的评价？""我们准备推出国内保理这种新的银行产品，您对此有什么看法？"这类发问主要启发对方谈出自己的看法，以便吸收新的意见和建议。

3. 向客户发问的技巧

客户经理应紧跟说话者的思路，以便能及时发现并提出问题。应先取得对方许可再发问："我可以提个问题吗?"不能重复提一个问题;如果对方的回答不能令你十分满意,你也没有必要继续追问;不能提过多的问题,以免引起别人的讨厌。发问的时间也有一定技巧,应选择穿插在:听完前一个问题的答案之后,使用一些过渡性语句引出下一个问题;注意对方的情绪变化,在他适宜答复的时间发问;对一个中心问题,以前一问题的答复作为提问的引子。在提出问题前,应拟好计划,将问题构造为能足以获得肯定答复的形态。但不必事前准备得过分详细,只需拟订好发问的形式、范围与主要内容就行了。将问题一字不差地背诵出来只会使对方听起来不太自然。

客户经理的每一个问题都必须有目的性,要么得到某些事实,要么得到某个观点,切忌无目的地乱提问,尽量少提或者不提无关紧要的问题。在提问题时,应先提一般性问题,再提比较明确的问题。或者说,先泛泛提问再具体到某一问题进行提问。这样做可避免出错,从而得到更多的有用信息。无论什么问题,都应简单明了,对方应能完全理解你所提出的问题。

客户经理发问时,应注意发问的速度。太快易使人认为你不耐烦或持审问态度;太慢则易使人感到沉闷。提问后应留给对方足够的答复时间,不能催促或打断对方。避免使用威胁性、讽刺性或盘问式的问句。

为了得到比较客观的信息,最好不要提出带有引导性的问题,如:"难道您不这样认为吗?""人人都觉得这样很好,您呢?"等。但如果你希望将对方引入你所希望的情形,或在拜访即将结束时,你可提出带有引导性的问题。多提无确定答案的问题,以引发对方提供一些信息。不应提问"您喜欢这个金融产品吗?"这样的问题,而应提问"您喜欢这个金融产品的哪些方面?"

客户经理应重视"再问一遍"的使用。在别人回答你的问题之前或者清楚地知道你的问题不会被回答时,你应该停下来沉默一段时间。在沉默过程中,大多数人会觉得不自在,这时就可能有人出来迫不及待地作出解答;首次提出某个问题后没有马上得到解答,如果你知道还有机会得到这个信息，那么可等待一段时间再重新发问。当对方不回答你的问题时，你不妨开个小小的玩笑，调节一下气氛。当然，如果对方也以开玩笑的语气回答，你就必须严肃起来了。

此外，尚需注意以下问题：

（1）对敏感问题的提问应附以发问理由。根据问题的具体类型选择恰当的问句形式。

（2）不能同时向客户提出多个问题，一次最好提一个问题，因为提很多问题客户可能会漏掉其中的某一个。

（3）提出的问题应该是经过充分准备的，且提问时应当有充分的信心，不能犹豫不决。

（4）提问题的时间不能太长，提问应当简洁，不能变成长篇陈述。

（5）不能自己回答自己提出的问题，不能把自己搞得像在进行演讲。

（6）不能向客户提无法回答、回答不了或不必回答的问题，因为客户经理不仅要让客户感到自己很重要，而且要让客户感到自己很聪明。

（7）如果对方不想回答或不能回答你的问题，而这个问题的答案对你又很重要，那么你必须重复提问，不要接受对方的推托。

（8）向客户提问最好不要太直截了当，可利用适当的悬念以勾起客户的好奇心。

（9）不要使用刺耳的语句。

（10）恰当使用转折语句和语气。

（11）善于引导客户按照你的方法看问题，并且善于把一个复杂的问题分解成若干小问题，然后以提问的方式提出。

（五）回答客户提问的技巧

对于客户的提问，尤其是对客户所提的较难回答的问题，客户经理应给予得体的回答。回答同发问一样，也要讲求技巧。

1. 回答的类型

（1）按应答问题的方式，分正面回答和侧面回答两种。

● 正面回答。对方问什么，就回答什么，有问必有答。一般比较直截了当，不拖泥带水，这种回答方式有利于双方的相互沟通。

● 侧面回答。对有些难以一时回答的问题，可采用此种方式。如："让我考虑考虑再说"、"让我们研究研究再说" 这种回答虽然表面上没有回答，但实际上已作出了回答。

（2）按应答问题的性质，分肯定性回答、否定性回答、模棱两可的回答和无效回答四种。

● 肯定性回答。这种回答按肯定的程度又可分为完全肯定的回答、加以补充的肯定回答和附加条件的肯定回答三种具体情况。

● 否定性回答。采取这种回答方式时，要讲求方式，注意不要生硬地顶回去，使对方下不了台，应当委婉曲折地把否定的意思说清楚，让对方完全理解。

● 模棱两可的回答。既不表示同意，又不表示不同意，似乎是同意，又似乎是不同意。这种方式不可多用，否则给人不诚实的感觉。

● 无效回答。无效回答的最大特点在于说了跟没说一个样，但又可维持双方的轻松关系与氛围，不伤和气。

2. 回答问题的技巧

● 回答客户提问前，给自己留一些思考时间，考虑成熟后再回答。可借助点吸烟、喝水、翻笔记本等动作来延缓回答时间，但考虑对方问题的时间不宜过长。判断清楚对方用意或动机后再回答对方，不应按常规回答，否则会反受其害。

● 对有的问题只作局部的回答。如果某个问题包括几个方面，可选择其中若干方面予以回答，一时难以说清楚的，就不必勉强去说。

● 对某些问题可答非所问，讲一些模棱两可的问题。

● 面对毫无准备的提问，可采取推卸责任的回答："对于这个问题，我虽没调查过，但我曾经听说过，只是具体情况不太清楚。"

● 对有些复杂问题可采取安慰式答复，即先肯定和赞扬对方提问的重要性、正确性和适时性，然后再合情合理地强调问题的复杂性及马上回答的困难程度，答应以后再专门讨论这个问题。

● 请其他客户经理在节骨眼儿上来打岔，以赢得自己思考一时难以回答而又必须回答的棘手问题。

● 洽谈中答复的艺术在于知道该说什么和不该说什么，而并非回答正确就是最好的答复。

三、运用身体语言

访谈中，客户的形体信号传达着重要的信息，客户经理应该运用自己的判断力，结合语言对这些形体信号作出评估。有时它们支持语言，有时则与语言相反。客户经理除通过身体语言判断客户的反应外，也可以利用自己的身体语言去影响客户。

（一）各种形体信号及可能的含义

如表3-3所示，列出了一些常见的身体信号及可能的含义。在实际洽谈中，某一身体信号也可能不是表中右边所列出的可能含义。许多动作和手势的含义可能因环境和人而有所差异。客户经理需经常检查、核对自己是否真正理解了对方身体信号的含义，只有这样才能发现某种形体信号的真实含义，避免接受错误的信息。

表3-3 客户的身体信号及可能的含义

身体信号	可能的含义
脑后交叉双手，双肘上翻	精神松弛，不想继续会谈
带上眼镜、抬起头部	对拟谈的内容感兴趣
瞳孔突然放大或目光接触频繁	对拟谈的内容很感兴趣
摘下眼镜	对所谈话语持否定意见
搓鼻子	消极反映
弹指头	不耐烦，不安
漫不经心地在纸上乱涂	不感兴趣，话题与其需求不太相关
眼睛迅速向下扫视一下	开始对话题感兴趣，或发现了要发言的人
合上笔、记事本或移动设备	对会谈已经不耐烦，想早点结束会谈

续表

身体信号	可能的含义
双掌合并成塔尖状	高傲、专横，但有时也意味着在注意倾听
两腿交叉，伸向对方	积极接近
两腿收回来交叉	有点不对劲，或许想改变想法
把座椅向后拉	消极退避
把座椅向前靠	感兴趣，投入，态度积极
身体前倾	身心投入，对话题感兴趣
身体后靠或目光旁移	若无其事和轻慢；退避，出现了头痛的事情
盯着对方眼睛	注意力集中
胸前紧抱胳膊	警觉、消极、恐惧、反对
不时用手抚摸领口、衣服	可能别有他事，希望尽早离开
双臂下垂	心绪不好，疲倦，失望，冷漠
双臂平直，颈部和背部保持直线状态	自尊心很强，或对生活充满信心
肌肉紧张，双手握拳	异常兴奋，情绪高昂
紧闭嘴唇，并避免接触别人目光	心中藏有秘密
开放式姿势	意味着接受
用笔轻敲桌子或嗓门突然变大	表示强调
紧闭嘴唇，嘴角向下倾斜	轻视，鄙夷，瞧不起
双眉上扬，双目大张	惊奇，惊讶
客户自己找位子坐	坦诚、合作，但有时也意味着随意、搪塞、不积极

（二）客户经理对形体语言的运用

客户经理想强调所说的话语时，可恰当地用身体语言予以支持，但要协调好身体语言和口头语言。客户经理在利用身体语言传达某个信息时，这个信息必须与所说的话保持一致，即身体语言是用来支持所谈话语的。此外，尚需注意以下几点：

（1）身体语言并不能代替口头语言的交流。

（2）身体语言应能充分展示你的自信。因为缺乏自信往往导致紧张，给对方以可乘之机。表示自信的身体语言主要有双手交叉成塔顶形，坐得笔直，眼睛直视对方，如果可能的话可以比对方坐得高一些。

（3）要注意研究对方形体信号的真正含义，以备在下次见面时有的放矢。

（4）形体语言的发布效果与双方座位间的距离有很大关系，客户经理根据与对方关系的亲疏远近确定所离距离的长短。

（5）首次与对方见面时，恰当的身体接触不失为增进关系的一种好方式，如伸出手，平视对方，然后有力而不失礼貌地握一下对方的手。但身体接触必须在双方都可接受的范围内进行，不能引起另一方的反感。

（6）在拜访结束时，也应用形体语言表示感谢、兴奋等情绪，并配之以目光的交流。

四、分发资料

向客户分发自己所带的资料，能扩大客户经理及所在银行的影响。至于分发什么资料，则取决于拜访的目的及会谈需要。客户经理应站在客户的角度、利益或价值上制作资料；拜访前带足需分发的资料，以免到时候不够用。

（一）分发资料需注意的事项

（1）对拟分发的资料要十分熟悉，随时准备回答客户的咨询。

（2）按使用顺序放置资料。

（3）只有在即将使用时才分发，而不要在事前分发，以避免分散客户的注意力。

（4）介绍宣传材料的内容。

（5）解释为什么分发它们。

（6）注意不要因分发资料而浪费过多的时间。

（7）将部分资料用于会谈后分发，或作为追踪拜访的工具。

（二）可用于分发的资料种类

（1）银行产品手册。手册应该具有专业性及吸引力。产品手册不能从银行角度过分强调产品的运作原理，而应从客户的角度出发来制作，同时需注重外表的包装。

（2）产品说明书。主要介绍产品的操作方法，是比产品手册更为具体化的宣传材料。产品说明书应该经过产品专家审核。

（3）年度或季度报告。适合拜访结束后分发。对那些初次接触的客户分发年度或季度报告十分重要，这样能让客户很快了解客户经理所服务的银行。

（4）其他为本次拜访而特别制作的材料。

五、了解客户需求

在拜访过程中应注意了解客户对银行产品的需求，包括需求目标与需求内容，这可通过发放客户需求调查表的方式进行。

（一）采取"望、闻、问、切"法了解客户需求

（1）望，即观色。

（2）闻，即察言。

（3）问，即善于发问。

（4）切，即切入场内商谈和场外商谈之中全面了解客户需求。

（二）客户需求调查表

表3-4　客户需求调查表

客户名称		联系人	
客户地址		联系方式	
您拟需要下列哪些银行产品		具体要求（时限、手续、价格等）	
□开户　□人民币结算　□国际贸易结算　□特殊服务			
□票据承兑　□票据贴现　□票据代保管　□转贴现			
□代收代付等中间业务　□为职工代办信用卡			
□外汇买卖　□现金管理			
□流动资金贷款　□固定资产贷款　□中长期项目贷款			
□银团贷款　□信用证　□综合授信			
□担保　□保理			
□　出口打包贷款　□进口押汇　□出口押汇　□保函业务			
□进口信用证　□其他业务			

□发展战略研究　□财务顾问　□筹融资顾问　□咨询服务 □其他顾问服务	
□其他业务（请注明：　　　　　　　　　　　　　　　　　　　　　）	
备注：	

六、处理客户异议

在拜访期间，客户提出异议是再正常不过的了。突破异议是客户经理成功营销的关键。客户经理应该分析客户出现异议的原因，并尽可能当场解决客户的异议。应尽量避免与客户发生争论，更不能冒犯客户。异议中往往包含着机会，客户经理应善于发现隐含在异议中的机会。有时，你可以忽视客户的异议；有时客户的异议其实是一种购买条件。

（一）客户提出异议的可能原因

（1）为试探客户经理的诚意、能力或所在银行的竞争力，故意提出一些相反的意见或刁难的问题。

（2）害怕做决定或担心做出错误的决定，逃避决策的责任。

（3）缺少相关的技术知识而又不愿承认这种现实，善于自我表现的客户易提出此种异议。

（4）客户的既有经验或成见，如客户经理的讲话与之不符，客户就会据此提出异议。

（5）少数客户为谋求私利而故意设置障碍。

（6）诚恳的异议，的确是由于不了解才提出异议。

（7）不同意银行产品在价格、程序等方面的做法而提出自己的意见。

（8）其他因素。如客户一时情绪变坏、客户方面人际关系复杂、客户因偏见而与客户经理发生对立情绪、客户缺少银行产品专业知识、客户喜欢炫耀等。

（二）客户异议的基本类型

（1）可转化异议与不可转化异议。"你们银行的产品与其他银行的产品差别不大"属于前者；"我们刚从其他银行处获得贷款"就属于后者。只要还没有确定客户提出的异议是不可转化的，客户经理就应该将洽谈进行下去。

（2）真实异议与虚假异议。真实异议表达了客户是否愿意成交及关心的问题，而虚假异议则多为拒绝的借口。真实异议和虚假异议都可以转化成"一致意见"，但比较难以判断。

（3）需求异议、产品异议、时间异议、价格异议等。

（三）处理客户异议的基本步骤

（1）仔细聆听，尊重客户异议。客户经理要摆正对客户异议的态度，对客户提出异议首先要表现出欢迎的姿态，对客户提出的大大小小的异议表示尊重，不要急于回应客户说的每句话，应给客户时间，不打断客户，鼓励客户说出整个异议及异议产生的背景。

（2）认真、准确地分析客户异议。客户经理应借助自己的知识与经验，对客户提出的异议进行认真分析和深入考察，找出隐藏在异议背后的真正根源。如果客户经理对客户的异议不能完全把握，就应通过重复他的异议来寻求更多的信息，直至确定客户真正所关心的问题。

（3）选择最佳时机处理客户异议，一般要在做好处理准备的基础上答复客户的异议。一般来说，着手处理异议的最佳时机是在客户提出异议之后，但在某些特殊场合和特殊情况下，在客户尚未提出异议之前，或者在客户提出异议之后一段时间再作解答也不失为最佳时机。无论什么时候解答，客户经理都应充满自信。答复结束后，客户经理应重复强调一次："问题解决了，是不是？"

（四）处理客户异议的基本策略

处理客户异议的最佳方法是预防异议的出现，最好也是由客户经理自己主动提出异议，避免由客户提出。如果客户提出了异议，则客户经理应想方设法予以处理。

1. 反驳处理策略

反驳处理策略指根据较明显的事实和理由直接否定客户异议。可给客户一个简单明了、不容置疑的解答，增强洽谈的说服力量，提高客户使用银行产品的信心，并节省解答异议的时间。但如果运用不当，极易引起客户经理与客户的正面冲突而导致洽谈失败。

此策略只适用处理客户的无知、误解及成见而引起的异议，不适用自我表现欲望强烈或较敏感的客户的异议。客户经理进行反驳时，要有理有据，摆事实，讲道理；要注意措辞，用词要委婉，语气要诚恳，应始终保持友好的态度，不能破坏良好的洽谈气氛；随时注意客户对反驳的态度，不能激怒客户；在反驳客户异议过程中应给客户传递新的有用信息，帮助客户更新信息。

2. 转折处理策略

对客户提出的某些异议，客户经理从正面解答效果可能不佳，这时可根据有关事实和理由间接否定客户异议。这种策略增加了客户经理思考分析的时间，使客户感到被理解、被尊重。但会削弱客户经理的说服力量，还有可能使客户产生并提出更多的异议。此策略不适用敏感的、死板的、自我个性强的、疑问类型的客户，只适用比较武断及接受暗示类型的客户。运用此策略时，客户经理首先应对客户提出异议表示同情和理解，使客户产生心理上的平衡，然后通过转折词话锋一转开始反驳处理客户的异议；不能直接否定客户的异议，更不能直接反驳客户异议；转折词应避免生硬，尽量少用"但是"，可多用"不过"、"然而"、"诚然"等。

3. 利用处理策略

这种策略是将计就计，利用客户异议中正确的、积极的因素去克服客户异议中错误的、消极的因素，变障碍为机会。这种策略在肯定客户异议的基础上建议转化，并不回避异议，进而取得客户合作，但对敏感型的客户易使其产生被愚弄的感觉。此策略的核心是以子之矛攻子之盾。客户的异议是利用的基础，应热情、真诚、尽力地肯定与赞美客户异议中正确的和积极的因素。当然，不能不加分析地肯定和赞美；也不能不负责任地向客户传递错误的信息，所传信息应该是经过分析的、合理的信息。例如，如果客户可能认为贷款利率较高，客户经理这时就应该说今后利率还可能上调，现在贷款才是最合算的。这里所说的利率上调应该是经过对经济发展、金融调控政策等方面进行综合分析后得出的结果。

4. 询问处理策略

这种策略通过对客户的异议提出问题来解决异议。通过提问可以了解更多的客户信息，给客户经理腾出一个思考下一步工作思路的时间，且提问带有请教的意思，易获得客户的好感。但有的客户不喜欢别人追问，还有可能引发新的异议。

客户经理应该及时询问，了解客户产生异议的真实原因；只对那些与洽谈及合作有关的异议进行询问，以提高洽谈效率。不要在非关键异议上纠缠不休；注意观察客户的行为活动，追问适可而止，并注意尊重客户；注意追问的姿态、手势、语气，避免客户反感；不要用严厉的口气追问客户。

5. 补偿处理策略

任何产品都不是十全十美的，客户经理也没有必要刻意掩盖自己银行产品和服务的不足，客户经理可利用客户异议之外的因素来补偿客户的可能损失。这种策略通过客观地摆明银行的长处与不足，给客户以诚实的感觉，反而易增加合作成功的可能。不足在于这种策略对客户的异议并没有及时解决。适用银行多种产品的组合营销。只有客户提出的异议是真实的且银行目前无法解决时，才适用此策略。对补偿的方式、内容应在客户提出异议后及时给予答复。应注意淡化客户的异议，减轻客户对异议的重视程度，并着重对异议的主要动机进行补偿，以增加客户获得更多利益的感觉。

6. 沉默处理策略

客户经理可对客户的无关、无效、虚假、不太重要的异议不予理睬，这就避免了与客户在一些无关紧要的问题上发生争执和冲突，有利于客户经理集中精力去处理有关、有效、重点的异议。缺点是客户可能会因为自己提出的异议不被理睬而感到受了冷落，产生不满。不管是否已经打定主意对客户的异议采取不理睬态度，客户经理都应认真听完客户的异议。

客户经理只对确实无关紧要的、不必理睬的客户异议才采取此策略。在采用此策略时，关键在于不进行无所谓的争论。常引起争论的缘由主要是：各不相让、以强凌弱、挑字眼儿、兴师问罪、从不买账、借题发泄、忍无可忍、争长论短、反驳回敬、斗嘴解闷等。

在进行沉默处理时，客户经理应微笑着保持沉默，试着改善双方洽谈的气氛，给对方沏一杯茶，递一支烟；对扰乱客户要争论的打算表示歉意；转身做另外一件事，以消除紧张气氛。

7. 预防处理策略

为防止客户提出异议，客户经理应该就客户可能提出的异议主动进行处理。事先做好准备，可节约洽谈时间，提高洽谈效率。主动提出还可使客户经理处于主动地位。不足之处在于可能准备得不够恰当。这种策略不适用狂妄自大、自以为是、爱唱对台戏的客户，也不适用处理无关或无效异议。

客户经理必须在拜访前对客户可能提出的异议进行研究，做好充分的准备。在自己提出异议时，客户经理绝不能强化此异议，而只能淡化处理。应注意用词及语气，不能说："您可能会提出……"之类的话语。

8. 更换处理策略

这种策略指换派其他客户经理来处理客户异议。不到万不得已的时候不用此策略。在气质、兴趣、爱好等方面与客户不投机，或客户经理礼仪不当等原因引起客户异议，而客户经理自身又不能解决时，可采取此策略。这给客户一个面子和下台阶的机会。不足之处是对客户经理及银行的形象十分不利。需注意新的客户经理在气质等方面应与前任客户经理有巨大差异；新的客户经理应该尽量为前任客户经理补台，注意重塑银行形象。

9. 定制处理策略

客户经理根据客户异议内容重新为客户提供其他的银行产品与服务。这可以更好地满足客户需求，体现客户经理的服务精神，促进银行新业务拓展。但需客户经理全面更改已有的作业计划。

10. 推迟处理策略

推迟处理策略是指暂不处理客户异议，过段时间后再进行处理。这种策略使客户有了自我消化的时间，也避免了客户经理的匆忙决策。但易给竞争对手造成可乘之机，使前期努力付诸东流。

应给客户留下充足的资料，使客户有依据作出恰当的决策。客户经理对其他的异议应及时给予明确的解释。如此次会谈不能解决该异议，应商定下次见面的时间。

（五）常见的客户异议及处理办法

1. 价格异议

客户表现："贷款利率太高了。"

不正确的处理办法："我们也必须实现利润啊！""您说得不错，但我们银行就是这个价格。""我无能为力呀！成本使我们无可选择。""我们可以降一降。""我无权改变这个价格啊！""其他银行也是这个价格啊！"

正确的处理办法：

（1）客户经理不应仓促地为价格辩护，指责银行、市场、客户、竞争对手，或仓促地改变价格，而是应该倾听并了解客户的价格异议，同客户一同研究它、评估它。

（2）找出客户认为价格过高的参照所在，然后将本银行的产品与参照的产品作比较，找出并帮助客户认识到本银行产品的比较价值。

（3）比较一般从产品特性、执行保障、专门技术、创新性、未来潜力等方面进行。

（4）客户经理应对本银行产品的价值和优势及其满足客户需求的能力充满信心，在提出价格时要使用自信的语气。

（5）花时间和精力研究竞争者的产品，如果本银行产品的竞争力的确比较弱，就应注重改进。

2. 创伤异议

客户表现："两年前，我们找到你们……我们不会再同你们打交道了。"

不正确的处理办法："我们可以重新开始合作啊！"或知难而退。

正确的处理办法：

（1）客户经理应当表现出理解、关心，并对客户这段经历的具体情况进行了解，以便确定需要付出多少努力才能补救这种情况。

（2）比较得体的回答是："听您这么讲，我感到很抱歉，能告诉我具体情况吗？""我完全可以理解您的这种心情，对于发生的事情我深表遗憾。当时，我们……今天，我们的管理层已认识到这一点。这次我的具体任务就是来……或许我可以……您认为……怎么样？"

3. "万一怎样"异议

客户表现：提出此异议的目的在于获得更多信心。

不正确的处理办法："不可能发生那种情况。"

正确的处理办法：客户经理用已经做成的事例和曾经发生过的事例来证明自己的承诺。这对新开发的客户或潜在客户尤显重要。

4. 不愿改变现状

客户表现：对现状比较满意而反对客户经理的提议。

不正确的处理办法：贸然说可以给客户带来更多利益，或比竞争对手做得更好。

正确的处理办法：先了解客户的现状，再将自己的产品和竞争者的产品进行比较，然后指出能给客户带来更多的利益。

5. 烟雾弹异议

客户表现："让我们考虑一下吧！"这是一个最古老的烟雾弹。

不正确的处理办法：等着让客户考虑。

正确的处理办法：以顾问咨询的方式多问几个"为什么"以了解客户真实的异议。可以这样回答："这对贵公司来讲的确是一件重要的事情，请问您打算考虑哪一方面的产品呢？或许我可以提供一些更详细的信息。"

6. 含糊不清的异议

客户表现：异议过于一般或宽泛。

不正确的处理办法：草率地给予回答。

正确的处理办法：多问几个"为什么"以获取更充分的信息。

7. 银行形象异议

客户表现："你们银行规模太小、位置太偏、效益太差。"

不正确的处理办法：同意客户的异议。

正确的处理办法：介绍银行的定位，描述自己银行的长处，向增强客户信心的方向努力。

8. 压力异议

客户表现："我们要清户"、"我们有多家合作银行"、"我们有别的机会"。

不正确的处理办法：唐突地顶撞或退却。

正确的处理办法：通过了解更多的信息，检测客户异议中的水分。

9. 不能立即回答的异议

客户表现：客户经理不知如何回答，或者回答可能过早。

不正确的处理办法：硬充知识渊博，贸然回答。

正确的处理办法：承认对有关细节缺乏了解，并向客户表示要研究有关信息后再对客户作出回答。注意，推迟答复并不是不答复。

10. 无法克服的异议

客户表现：银行目前的确无法提供客户需要的服务。

不正确的处理办法：继续就此异议进行洽谈。

正确的处理办法：果断结束此话题，既节约了时间，也树立了银行实事求是的信誉，有利于提高今后合作的机会。

七、应对客户拒绝

客户不仅常常提出异议，一些客户还往往会直接说"不"。对这些更不好打交道的客户，客户经理应学会如何战胜客户的拒绝。

（一）分析客户拒绝的真正含义

客户提出拒绝，并不代表客户将不与客户经理进行合作，只是表明某些顾虑、不安或不满。要明确其说"不"的原因，再对症下药，消除客户的疑虑或难题，使客户满意。一般而言，客户拒绝的类型有以下几种：防卫型拒绝；不信任型拒绝，应明确是对客户经理不信任而拒绝，还是对银行（或其产品）不了解而拒绝；无需求型拒绝；不急需型拒绝；感到未受重视而拒绝。

（二）处理拒绝问题的态度

（1）战胜自我，挑战拒绝，要有被拒绝的心理准备。

（2）培养刚毅性格，不怕被拒绝，要有永不服输的信念和必胜的信心。

（3）不能愚勇（"我们银行实力雄厚，客户肯定会与我们合作。"），也不能怯懦（"我们银行竞争力不高，恐怕客户不会与我们合作。"）。

（4）切忌因客户激烈的言辞或无理的挑剔而失去对情绪的控制，应保持极度的忍耐及理解之态度。

（5）无论形势多么不利，客户经理都必须保持热忱，并始终保持诚实和谦虚，给客户以推心置腹感。

（6）不能与客户进行争论，不能直接反驳客户，或者盛气凌人地对待客户，要圆滑地应付客户的拒绝。

（7）准备撤退，保留后路。客户提出拒绝，可能时机尚未成熟，此时客户经理应适时礼貌地撤退，再伺机约谈。

（8）不断学习新的专业知识和营销技巧，并在更广泛的相关领域内充实自己，不致使客户因自己无知而放弃合作。

（9）把被拒绝当作一种学习的经历，对被拒绝的原因进行总结。要知道，被拒绝只表明你发现了一种达不到目标的途径。

（10）把被拒绝当作获取反面信息的机会，有利于调整工作方向。

（三）处理拒绝问题的技巧

（1）使客户说不出拒绝的借口，或不给客户说拒绝的机会。

（2）利用客户的人际关系，使其不好意思拒绝朋友、亲戚介绍来的人。

（3）认可客户的喜好，取悦客户。

（4）利用客户急于谋求发展的心态，强调拒绝可能带来的损失。

（5）继续拜访说拒绝的客户，精诚所至，金石为开。

（6）处理客户异议的一些策略和方法也可用于处理拒绝，如冷处理法、转移话题法、先认同再否定法（或表面赞同而实质反对）。

（7）把整个过程回想一遍，看看对方有无可以突破的弱点。

（8）经过多次努力仍不能说服客户时，客户经理应扪心自问：是否是自己的原因才使客户拒绝，从失败中吸取教训。

八、拒绝提供某项服务的技巧

客户经理虽然想极力满足客户的所有需求，但有时会发现自己不得不拒绝提供某项服务，这可能是因为银行目前还未开发出此项服务或提供此项服务给银行带来的风险太大。

拒绝的最理想方式是让客户自己说出来，但应以不影响双方的关系为前提，要注意保全客户的面子。必须为以后的合作留有余地。客户经理决定谢绝后，应以一种明确的方式表达出来，不应迟迟不提出谢绝。在谢绝时，客户经理仍应对交易表现出高投入姿态，让客户感觉到拒绝是不得已而为之的做法。要让客户意识到谢绝的是交易本身而不是针对个人，要让客户明了谢绝的原因，要让客户个人感情上不致过分失落。如果有可能的话，客户经理应建议客户实施新的方案。

九、面对商谈僵局的处理技巧

在访谈过程中，会出现一些阻碍访谈继续健康进行的因素，甚至出现僵局。客户经理应能及时识别并加以排除。当然也有可能出现有利于洽谈进行的征兆，对此客户经理也应及时识别并有效把握。

1. 阻碍访谈继续健康进行的征兆

（1）洽谈中已达成共识的事项要被推翻。

（2）客户已流露出不想继续会谈的态度。

（3）洽谈中间主要人员离席而只留下不太主要的人员。

（4）洽谈的内容越来越没有针对性，越来越一般化。

（5）洽谈中听到越来越多的赞成其他银行的言论。

（6）当提出合作的关键问题时，客户以各种理由进行回避。

（7）感觉到对方对合作没有信心，在决策上存在迟疑与不安。

（8）谈论过多的与访谈无关的话题。

（9）以尚在考虑来作答，但谈到具体期限时对方又会巧妙地避开话题。

2. 有利访谈继续健康进行的征兆

（1）告诉客户经理他最关心的事情、遇到的困难。

（2）借着洽谈的空闲时间告诉客户经理他的工作方针、工作打算。

（3）以材料中的特定部分为中心提出具体问题。

（4）对某一问题突然表现出浓厚的兴趣。

（5）多次提出某一问题。

（6）在交谈中无意间透露出其他重要信息。

（7）客户感兴趣，但不愿被认为能够轻易被说服。

（8）客户很感兴趣，但对你的讲解表示不太明白。

3. 处理商谈僵局的技巧

（1）在双方都犹豫不决或沉默不语时，客户经理最好能主动跨出一步，主动给对方一个下台阶的机会：主动提出改变商谈重心或话题；主动寻找一个中间调停人；主动改变协议的有关条款等。

（2）变换一种商谈方式，比如由正式会谈改为非正式沟通、变集体商谈为个人之间的私下交流、变中层接触为高层接触或相反等。

（3）改变商谈时间表，推迟双方暂时无法达成共识的议题。

（4）将洽谈重点由互相较劲的局面，改变为能共同解决问题的合作态度。

十、同时与多个客户进行洽谈和联合拜访的技巧

1. 同时与多个客户进行洽谈的技巧

有时客户经理面对的不仅仅是一个客户，而是同时与多个客户进行洽谈。同时与多个客户进行洽谈有一些事项需要特别注意。

（1）不同的客户有着不同的目标和需求，客户经理应准备认识和满足这些多方面的需求。

（2）由于人数增多，单独对话的机会相对较少，可考虑独家演讲方式。

（3）所有资料都要每人一份，通过眼睛对视等方式使每一位客户都觉得自己受到了重视。

（4）保持每位客户参与讨论的积极性和兴趣。

（5）由于会谈期间从客户那里获取信息的机会减少，客户经理应研究客户的构成，以便能够了解每位客户的思路和目标。

（6）正式会谈前尽可能对每位客户进行单独拜访。

（7）恰当地安排每位客户的座位，不能让任何一位客户感到受了冷落，客户经理应该坐在客户中间而不是坐在首位。

2. 联合拜访的技巧

联合拜访有利于增强拜访的专门性，体现银行对客户的重视，也有利于同客户进行多层次的接触，并借此对银行的新手进行培训。

（1）不要直接反驳同事，如果其内容至关重要，可寻求一种非直接的方式与该同事交流您的不同意见。

（2）选择可以与同事交换眼色或形体信号的位置入座。

（3）客户或同事在谈话时专心倾听。

（4）用评论或形体语言支持小组成员的意见。

（5）记住联合拜访要求集体协作，不能逞个人英雄主义，更不能拆同事的台。

十一、拜访过程中的现场讲解

能向客户现场讲解想法、观念、产品和服务，表明客户经理已在众多竞争者中脱颖而出。客户经理应充分认识现场讲解的重要性，通过讲解，让客户对客户经理及银行产品产生深刻印象。客户经理应为每次现场讲解与示范付出200%的努力。

现场讲解既可以很简单，只要递上材料，讲两句话就完，也可以很复杂，就像进行一场商业演出。讲解的复杂程度取决于产品的内容及客户的价值。在进行复杂讲解时，客户经理可将要演讲的内容做成PPT来进行，把要讲解的内容变成可视的。幻灯中应大量使用图表、模型等形式。如果在讲解中需使用电脑、投影仪等设备，应事先确保其都能正常工作，到达客户提供的讲解地点后，应先找到电源。通常电源都在不太显眼的地方。

讲解时切忌泛泛而谈，应重点突出产品、服务或想法能带给客户的利益，并且讲解材料要尽可能顾客化，站在客户的角度、立场上组织的材料，更容易被客户所接受。只要客户能明确您所讲的内容就算达到了讲解的基本目的。此外，应注意把握说话行事的节奏，能从客户的肢体动作中判断客户的思想动态。

在开始现场讲解时，要对客户表示感谢，并与在座的每一个人做一下目光交流。要通过每个人所坐的位置判断出哪一个人才是最关键的决策人。找到后，在讲解时就要有所侧重，多用目光征询主要决策人的意见。

在讲解结束时，如果过多地占用了客户的时间，就应向客户表示歉意，并感谢客户能花这么长的时间来听讲解。如果在讲解过程中进行了休息，那么在休息结束后开始继续讲解时，就要先回顾一下休息前所讲的内容。

产品讲解是现场讲解的重要内容。在进行产品讲解时，应注意把握以下几点：产品的名称是什么；是不是最新产品；与过去提供的产品有何不同；产品的技术含量及先进程度；产品价格；产品的运作程序；产品能给客户带来的利益；与竞争对手相比的优势。

十二、拜访过程中需注意的其他事项

拜访过程中除上述需注意的内容外，还有一些其他事项需要注意。

（1）选择与客户成直角的位置或坐在您想去说服的人的旁边，应尽量避免与客户面对面而坐，因为这样实际上使客户经理处在下属的位置。

（2）对拜访情况不断进行总结。客户经理可以检测客户的认同、理解情况，并深入研究客户的反应，评估自己的工作成效，确定下一步的行动。

（3）当拜访被电话、问事、办事、简短的磋商、不速的来访等情况打断时，客户经理应该表现出耐心和理解，而不应当表现出不快和义愤。如果这种打扰不能停止，客户经理应意识到这次拜访选择得不是好时间，应该建议再另行约定一个对客户更便利、更有利于充分讨论问题的时间。

（4）第一次的拜访时间不能太长，如果时间不够，客户经理应当收集一些基本的信息，并利用这次机会培养下次充分讨论的兴趣。

（5）多用时间倾听客户的情况和了解客户的需求。讲话太多的客户经理不一定能成为最成功的客户经理。

（6）不要轻易许诺，也不要轻易拒绝。即使当场作出决策，也要明确许诺的是什么，拒绝的是什么，不能让客户误解你拒绝或承诺的内容。

（7）不要向目标客户透露其他客户的商业秘密，这样会引发客户的联想："我讲的事情会不会也被他泄露出去？"

（8）关闭通信工具或将通信工具置于静音、振动状态，否则既会干扰客户经理的注意力，也会使客户觉得厌烦。当然，会谈结束后，客户经理应该马上给打电话的人回电，并说明不接电话的原因。

（9）注意拜访节奏，控制拜访时间。在恰到好处时结束拜访，会给客户一种意犹未尽的感觉，有利于下次的再见面。

（10）在适当时间保持恰到好处的沉默。

（11）不要指望初次拜访就能达成合作，应抱着相互了解，建立桥梁，给对方留下良好印象的心态，为再次拜访及今后的合作打下基础。

（12）注意说话的语速，尽量放慢，且吐字清晰。

（13）走路的时候步子大一些，频率小一些，给人铿锵有力、掷地有声的感觉。

（14）说话时不要用"应该"或"不应该"，尽量用"如果"、"假设"、"可不可以这样"等商量性话语。

（15）称呼客户要称呼其职务，至少要称呼其名字（最好不要带姓）。

（16）对客户要专心、投入：向对方微微倾斜、持续的目光接触和正确恰当的形体语言。

（17）投客户所好，尽量表现出你跟客户之间的感情和看法一致。

（18）尊重客户，让客户尽量多说，自己少说，做到少而精，抓住要害。

（19）对自己的职权不作过高、过多的评价，不必老炫耀自己"辉煌的过去"或成绩。

（20）在适当的时机手拿一支钢笔或小棒来吸引客户的注意力。

（21）使用摊开手的手势和目光交流，以表明你无所隐瞒。

（22）记住每一个人的姓名与职务，像对待一位要人那样对待在座的每一个人，不要让任何一个人感到自己受了冷落。

（23）不要让客户的外表影响到你对他的态度。有些成功人士其貌不扬，客户经理若露出轻视的表情，可能造成不必要的损失。

（24）对客户引以自豪的谈话内容经常给予肯定。

（25）注意每一个细节，确保每一个环节都万无一失。

十三、同客户就餐时的注意事项

拜访结束后，如正赶上就餐时间，应主动向客户发出邀请。在与客户共同进餐时需注意若干事项。这些注意事项也适用与客户进餐时的其他情况。

（1）应在考虑客户需求及立场的前提下发出邀请。首次向客户发出邀请时，最好不要直接向对方负责人发出邀请，以免对方尴尬，可先同其下属私下交换一下意见。

（2）具体掌握对方共有哪些人出席。如客户方有上级人员参加，应重新考虑与其相称的招待场所与形式。

（3）不能只招待特定的对象，应把对工作目标有影响的所有人都列为邀请对象。如果只以与自己个性符不符合为标准，或只注意向主要负责人公关而冷落其他人，效果往往不好。

（4）应在发出邀请前落实好就餐地点。就餐地点要根据客户喜好来确定。

（5）出发时要带足经费。客户到来时要热情、大方，不可斤斤计较，点菜时要照顾客户喜好，不要太小气。

（6）对重要客户要上门去迎接，以示重视。

（7）己方应根据就餐场合、就餐氛围确定喝酒多少，但无论什么时候己方都不能过量喝酒，至少在酒席上不能表露你已经醉了。

（8）注意礼节，不能做出让客户不悦的举动。

（9）除特殊情况外，就餐地点及其后的娱乐活动应选择在离客户住所较近的地方，便于接送客户。

（10）就餐之后的洽谈不能再提上次招待对方的事情。

（11）将客户安全送回家。

第四章
围绕客户进行调研

　　客户调研工作可在拜访客户的同时进行。但由于调研工作比较复杂，而拜访的目的主要在于沟通感情、推销银行服务产品或就专门话题进行会谈，故一般不适合进行大规模的客户调研工作。客户调研可在经过初步拜访达成合作意向后进行。

第一节　客户调研的原则与内容

调研是调查与研究两种活动的统一。调查就是通过对目标的多方了解，得到自己所需要的各种信息。研究就是对得到的各种信息进行分析、判断，从中得出有价值的结论。调查是研究的基础，调查的信息不准确、不完善、不严谨，将直接影响研究结论的科学性、合理性。因此，既要做好调查这一基础工作，也要采取科学方法保证研究工作能得出科学合理的结论。

一、客户调研的方法论原则

调研阶段的直接目的是为了对目标客户作出全面的分析评价而收集尽可能全面的资料，因此就不能局限于对目标客户的调研，而应围绕目标客户（以目标客户为中心），把目标客户放在一个大背景下综合考察。即需要调研目标客户的"中心"、"中心的围绕者"及"前"、"后"、"左"、"右"、"上"、"下"。"中心"指目标客户的现状；"中心的围绕者"指目标客户的竞争者；"前"指目标客户的过去；"后"指目标客户的将来；"左"指目标客户的原材料供应商；"右"指目标客户的客户；"上"指目标客户的出资者、主管部门；"下"指目标客户的投资项目、子公司。

二、客户调研计划的制定

调研活动应力求在尽可能短的时间内完成，因为这样既避免了长时间打扰客户，还能给客户工作效率高的好感，有利于下一步合作关系的建立。为提高调研效率，在调研前制定调研计划是很重要的。

表4-1　调研计划表

调研对象名称		调研时间安排	
调研对象地址		联系方式	
调研范围	□客户本身调查　□所在行业调查　□所在区域调查		
被调研方接待人员	□客户主要决策者（董事长、总经理、财务总监等） □中层干部（部门负责人） □一般干部		
我方调研人员及分工	1.	2.	3.
	4.	5.	6.
调研要达到的目标			
调研的方式	□实地调查　□与主要人员谈话　□收集财务报表、规章制度等书面资料 □问卷调查　□电话调查　□其他		
调研的主要内容	□基础调查　□客户竞争力调查　□市场状况调查　□项目调查 □行业状况调查　□关联方调查		
调研结果的整理与分析	整理与分析责任人	反映形式	大致完成时间

三、确定调研内容

在调研计划中，调研内容的确定直接关系到调研能否达到调研目标，能否为银行决策提供正确的参考意见。调研内容取决于调研要达到的目标及调研对象的具体特征，一般有客户本身调查、客户外部环境调查、客户竞争对手调查、银行竞争对手调查等。

（一）工商企业类客户调研的主要内容

1. 基础资料

（1）企业设立的协议、合同、验资报告、批准文件及营业执照（复印件）。

（2）公司出资人状况及出资方式、到位情况。出资人状况含所在行业、规模、产品、财务及资信等方面的情况。

（3）法定代表人资格认定书、企业代码证书、贷款卡（复印件）、公司章程、董事会成员名单。

2. 市场竞争状况资料

（1）市场供求状况。包括：企业近3~5年销售量、销售额及价格变动趋势；市场总体销售额、销售量及价格变化趋势；影响需求量的因素及这些因素的发展方向、发展程度；行业内是否有新增生产能力，如有，是多大；替代品是否存在，若存在，其销售趋势怎样；供应商数量及生产能力。

（2）对客户依赖程度。包括：近3~5年对主要客户的销售量及占其总销售量的比重；若存在依赖性，了解此依赖性产生的原因；近3年主要客户构成是否发生变化，重要客户是否发生过变更；客户的集中程度。

（3）销售收款方式。包括：各类付款方式占总销售的比重，如现金、30天赊销、60天赊销、预付款等占比。判断企业是否存在欠款，如有欠款，欠款是多少，结构如何。

（4）竞争范围及种类。包括：产品销售的地理分布，是国内、国外还是省内；行业内主要竞争企业数目及名称；同行业不同企业的产品在质量、价格、服务方面是否有明显差别；是否存在地方保护主义；竞争的方式；行业进入难易程度，据此判断市场扩大的可能性。

（5）供应商（若原材料占总生产成本50%以上需考虑此项）。包括：近3~5年主要原材料费用；近3~5年主要供应商提供的原材料占总生产成本的比重；主要原材料供应商的情况，包括：业务来往的年限、过去合作中供应商的表现、目前合同中是否有保证供应的条款等；原材料购买付款方式。

3. 客户竞争力资料

（1）生产力利用率。指企业年销售量及年正常生产能力。

（2）设备状况。指主要设备生产年份及近期设备改进情况。设备更新、开发费用应与其折旧额接近。

（3）财务控制情况。指财务部门直接负责人在企业内的地位、与其他部门的关系；生产、销售计划制定是否有财务总监的参与，参与程度如何；财务部门人员构成、工作经历，是否能承担监控职能、财务管理职能及会计统计职能；与哪些银行有账户关系，合作是否密切，各银行对客户的评级。

（4）内部管理情况。包括：发展规划、计划执行情况、组织机构责任匹配、制度及计划具体执行措施、招聘升职及培训情况。

（5）管理人员情况。包括：学历、工作经历、工作职位及年限、各职位主要职责、过去参与项目经验及具体职责、是否有相关行业工作经历。

（6）账户活动。主要指在其他银行的贷款活动。

（7）技术先进性；市场份额及变化趋势；资产负债表、损益表等财务报表所列各项。

4. 项目资料

（1）项目建设复杂程度。包括：设计院报告、可行性研究报告；执行工程相关人员的项目、技术经验；原料、能源、交通等方面的准备情况；资本金来源及到位情况；供应商及供应能力。

（2）建设风险转移措施；项目建设合同。

5. 其他资料

（1）审计单位。包括：审计单位的名称、等级、往来年限、主要负责人、主要客户。

（2）表外负债。包括：担保、变相借款、职工退休金。

（3）其他。如债权债务纠纷清单；各种法律文件复印件；客户财务效益分析资料；主要销售客户清单；市场和行业分析报告；客户经营管理及人、财、物资源配置说明；资质等级；发展规划；存在问题分析；近3年财务报表及分析资料、审计报告；企业营销战略及实施计划；企业组织机构图及企业高级管理人员简介；企业管理制度汇编等。

（二）机关团体类客户调研的主要内容

机关团体类客户涵盖的范围较广，下面介绍的是对高等院校进行调研的主要内容。

1．基础资料

（1）事业法人证书、法人代码证、办学证、贷款证、收费文件、营业执照、借款人资质证明。

（2）客户的隶属关系、组织形式、产权构成、历史沿革、业务范围和规模、基本账户，近 3 年招生计划及实施情况，其他重大事项介绍。

（3）客户的资产、负债、净资产、基金等财务情况、现金流入与流出情况。

（4）客户的办学条件、办学特色、办学规模与办学方针；专业设置；社会知名度；法定代表人和领导班子的经历、业绩、信誉和能力；教师的构成、教学科研成果以及教学水平。

2．项目资料

（1）项目的立项批复文件、可行性研究报告、咨询机构的论证材料。

（2）项目的资金来源计划、筹资证明、项目资本金占比。

（三）金融同业类客户调研的主要内容

（1）营业执照副本复印件；最新年报；最近 3 年资产负债表、利润表、现金流量表及报表附注；中国人民银行批准其进入同业拆借市场的证明（适用于非银行金融机构）；主承销商资格证明（适用于证券公司）；证明实力和业绩的其他材料，如国内或国际评级公司对其进行的资信评级、国际或国内排名等。

（2）总资产；成立时间；客户性质；高级管理层的资历和素质；股东背景与组织架构；与本银行建立关系时间以及主要往来情况。

（3）客户发展规划、市场地位、行业竞争情况。

（四）向客户传递调研内容清单

调研前应将拟调研的大概内容告知客户，以便客户在调研前做好相应的准备。一般通过传真方式将调研内容传至客户，再辅以必要的电话说明。如果只通过电话进行，恐怕不易说清楚，因没有书面的东西还易使客户忘记。

传真给客户的调研内容要力求简洁，能便于客户准备，调研内容太多易使客户产生畏惧心理。一般通过传真调查清单而不必将所有调查内容均传真过去的方式进行。下面所列是对客户财务方面进行调研的资料清单。

调研内容清单

_____公司：

按____月____日拜访贵公司时与贵公司达成的意见，我们拟于____月____日对贵公司的财务方面进行专题调研，望大力支持。我们的调研拟从以下几个方面展开：

（1）公司财务制度、会计核算制度的有关资料；

（2）近3年的财务决算报告及说明材料；

（3）公司销售收入结构、应收应付账款结构、应收账款账龄及坏账情况；

（4）公司实行的投资、融资政策及管理制度的资料；

（5）公司现金流量表的编制情况；

（6）利润分配方式，含盈余公积金、公益金的提取率，股利分配等；

（7）财务报表，包括：资产负债表，损益表，财务状况变动表，应交增值税明细表，利润分配表，主营业务收支明细表（生产成本、期间费用及营业外收支表），主要产品生产成本明细表，制造费用明细表，财务费用、销售费用明细表，产品销售利润明细表，辅助生产单位成本明细表，管理费用明细表，主要产品辅助材料消耗明细表，主要经济指标完成情况表等。

感谢贵公司的大力支持！

_____银行_____部门（签章）

（客户经理签字）_____

____年____月____日

（五）调研资料的获取渠道

为尽可能收集全面的资料，除对目标客户进行直接调查外，还应通过其他渠道来收集有关资料。客户资料的来源渠道主要有：客户内部；行业研究部门，如证券公司的行业研究部门、经济管理部门的研究机构等；客户的供应商及客户的竞争对手；其他银行；公开出版物，如：统计年鉴；期刊和书籍；专业咨询机构；互联网、电视、电台、报纸等媒体；银行内部档案材料；专业研讨会及交流会；人际关系网络。

第二节 客户调查表格的设计与使用

发放调查表请客户填写是获取客户有关资料的好方式，客户经理应首先学会设计调查表，并运用调查表进行调查。

一、设计调查表应注意的事项

客户经理在设计调查表时，应注意以下事项：

（1）调查表应根据调研对象和调研目的进行设计。

（2）必须经过测试、调整、试用后才可大规模使用。

（3）调查表中所列问题应该是能够回答的问题，而不是不能回答、不愿回答或不需回答的问题。

（4）多设计些回答不受限制的问题，以获得更多的信息。

（5）多使用简洁、直接、不带偏见的词语。

（6）问题的排列应符合逻辑顺序，先排布能引起兴趣的问题，不易回答的问题放在后面。

二、常用的客户调查表格

（一）工商企业类客户常用调查表

工商企业类客户常用调查表如表 4 - 2、表 4 - 3、表 4 - 4、表 4 - 5、表 4 - 6、表 4 - 7、表 4 - 8、表 4 - 9 所示。

表 4 - 2 企业概况调查表

企业名称		地址		经营范围		
所属行业	□工业　□商业　□外贸　□建筑安装　□公用事业　□房地产开发　□投资管理 □综合					
法人代表			联系电话		成立日期	

续表

所获认证资格	□资质等级　□质量认证　□技术成果奖励　□专利
	□荣誉（知名公众机构进行的排名）
	□进出口经营权或其他国家特许经营权

营业执照号码		企业法人代码	
财务报表审查机构		是否新客户	□是　□否
贷款卡号		是否本银行股东	□是　□否
是否上市公司	□是　□否	主营业务	
资产状况	总资产：　　　净资产：　　　注册资本：		

股东情况

股东名称	股东性质	出资比例	出资方式	资金到位时间

资产类别	原有名称	原有价值	评估价值	登记机构	评估方法
实物资产					
无形资产					

企业结构及人员状况

子公司及参股公司	名称	控股比例	注册资本	经营范围	职工情况	人数总计	
						其中：管理人员数量	
						每年新招职工人数	
						职工年均收入	
						职工每年受培训天数	
						大学学历职工占比	

主要合作银行

银行名称	合作内容	贷款金额	贷款期限	贷款用途	信用记录

续表

对外担保情况			
被担保人名称	担保性质	金额	期限

企业管理系统					

决策层情况		姓名	任职时间	学历及专业资格	主要经历
	董事长				
	总经理				
	财务主管				

管理部门	部门名称	部门职能

企业重大事件记录

近3年发生的重大事件		重大债务及税务纠纷	

应收账款大户名单及收回可能性

简述企业发展历程：

简述企业发展规划，包括经营发展战略、发展目标、生产经营规划、市场发展规划、投资计划、创新计划、融资计划及重要改革措施：

简述行业近期发展情况：

注：表中"近3年发生的重大事件"含分立、重组、资产剥离、收购、股东变更和公司名称变更等。

表4-3　企业生产状况调查表

企业所属工厂情况			
分厂名称	建立时间	生产主管姓名及专业背景	主要产品
生产车间占地面积		生产车间能使用期限		生产车间已使用年限	
交通便利情况				
主要建筑物				

主要生产设备					
名称	生产厂家	购进价格	技术先进程度	用途	已使用年限
目前生产能力		最高生产能力	

简述主要产品工序与品质控制程序	
简述生产管理制度建设情况	
简述企业提高生产效率的可能性及方法	

表 4-4　企业竞争能力调查表

企业的主要客户			
名称	类型	占总销售额的比重	试说明企业与此客户保持关系的能力

企业的主要供应商			
名称	类型	占总供应量的比重	试说明与此供应商保持关系的能力

企业的主要竞争者			
名称	类型	与之相比的竞争优势	拟采取的竞争对策

简述客户的付款方式及原因：

表 4-5　企业产品状况调查表

	企业产品目录		
	产品一	产品二	产品三
研制时间			
推向市场时间			
批量生产时间			
产品质量及质量稳定性评价			
产品技术含量评价			
过去 3 年产品年销售增长率			

	企业产品目录		
	产品一	产品二	产品三
明年产品销量预测			
主要原材料			
主要原材料供应商			
进口原材料占总原材料的比重			
近3年主要原材料价格变化			
原材料占成本比重			
原材料采购过程描述			
以往有无采购不到原材料的情况？简述原因			
存货政策及管理流程			
原材料供应商要求的付款方式			
近3年的原材料采购量			
近3年的产品销售量			

表4-6　企业产品市场调查表

国内市场占有率		国际市场占有率	
年出口创汇额		年进口支汇额	
外汇结算方式		主要汇率风险	
产品出口鼓励政策			

企业市场销售计划及实施细则：

销售网络分布地区		销售人员数量	
请列出手头现有订单			

请预测国内市场前景及预测依据：

表 4 - 7　企业科研开发能力调查表

研究人员数量		科研开发费用占净利润的比重	
产品独特性评价		产品改良计划	

产品开发受哪些因素影响？请预测产品市场寿命：

近3年企业开发的新产品介绍			
新产品市场销售额		近3年新开发产品销售额占总销售额的比重	
已开发尚未投入市场的新产品介绍			

新产品市场前景预测及预测依据：

请介绍企业当前科研开发重点及进展情况：

产品专利情况	名称	专利号

产品获奖情况介绍：

表 4 -8　企业合资意向调查表

拟合资项目名称		选址	
合资项目产品			
合作规模		企业出资比重	
合资企业职工人数		合资企业占地面积	

合资企业管理机构介绍：

拟合资项目近 3 年销售及利润情况					
年份	总收入	出口收入	净利润	市场占有率	
				国内	国际

引进资金用途：

合资企业是否具有完全独立的销售与采购能力：

注："引进资金用途"栏主要填写由何处引进何种技术及原因；是否为提高产品质量而购买机械设备；是否通过具体市场调查来支持此方案等内容。

表 4 -9　企业资本运营状况调查表

是否有上市打算？如有，拟聘请哪家券商担任财务顾问？

目前为上市做了哪些准备工作？有何效果？处于哪个阶段？

是否有过并购行为？如有，是如何进行的？

并购活动产生了什么效果？有哪些经验、教训？

（二）机关团体类客户常用调查表

机关团体类客户常用调查表如表4-10所示。

表4-10　机关团体类客户基本情况调查表

客户名称		主要负责人		联系电话	
业务范围		社会影响力、知名度			
职员数量		资产总额			
经费来源		主管部门			
资金流量分析					
目前合作银行及从该银行获得的服务					
发展前景展望					

（三）金融同业类客户常用调查表

金融同业类客户常用调查表如表4-11所示。

表4-11　金融同业类客户调查表

客户名称		地址		主要负责人	
联系电话		注册资本			
业务范围		主要产品			
总资产		财务报表审计机构			
是否上市		网点数量	职工人数		
净利润		市场占有率			
电子化应用水平					

续表

主要股东情况	股东名称	股东性质	出资比例	出资方式

主要下属企业	企业名称	净资产	控股比例	主要经营范围

主要债权人	债权人名称	金额	期限及到期日	主要用途

或有负债	被担保人名称	担保金额	期限及到期日	成为负债的可能性

发展战略与改革措施描述				

三、调研资料的整理

调研结束后，应将收集的资料粗略归类，看看拟收集到的资料是否全部收集齐全，如没有收集齐全，应进行补充收集。如收集齐全，应尽快将有关资料录入客户基本信息表中，便于客户经理对该客户有一个大致的了解。表 4－12 与表 4－13 反映的是对工商企业类客户调研资料的整理情况。

表 4 – 12　资料收集情况比照表

拟收集资料		实际收集资料
	基础资料	
☐	企业设立的协议、合同	☐
☐	验资报告	☐
☐	批准文件及营业执照（复印件）	☐
☐	公司出资人状况（行业、规模、产品、财务及资信等）资料	☐
☐	出资方式、到位情况资料	☐
☐	法定代表人资格认定书	☐
☐	企业代码证书	☐
☐	公司章程	☐
☐	董事会成员名单	☐
☐	贷款卡（复印件）	☐
	市场竞争状况资料	
☐	市场供求状况资料	☐
☐	对客户依赖程度资料	☐
☐	销售收款方式	☐
☐	竞争范围及种类	☐
☐	供应商资料	☐
	客户竞争力资料	
☐	生产力利用率	☐
☐	设备状况	☐
☐	财务控制	☐
☐	内部管理人员	☐
☐	与银行往来情况	☐
	项目资料	
☐	设计院报告、可行性研究报告	☐
☐	执行工程相关人员的项目、技术经验	☐
☐	建设准备情况，包括原料、能源、交通等方面的情况	☐
☐	资本金来源及到位情况	☐
☐	项目建设合同	☐
☐	供应商及供应能力	☐

续表

	其他资料		
☐	表外负债		☐
☐	债权债务纠纷清单		☐
☐	各种法律文件复印件		☐
☐	客户财务效益分析资料		☐
☐	主要销售客户清单		☐
☐	市场和行业分析报告		☐
☐	客户经营管理及人、财、物资源配置说明		☐
☐	资质等级		☐
☐	发展规划		☐
☐	存在问题分析		☐
☐	近3年财务报表、分析资料及审计报告		☐
☐	企业营销战略及实施计划		☐
☐	企业组织机构图及企业高级管理人员简介		☐
☐	企业管理制度汇编		☐
☐	需收集的其他资料		☐

客户经理签字：

年　　月　　日

表4-13　客户基本信息表

客户名称：　　　　　客户地址：　　　　　联系电话：　　　　　填制时间：

成立时间：　　　　　客户性质：　　　　　注册资本：　　　　　所属行业：

客户重大节日提示

	董事长	总经理	财务主管	其他关键人物及与客户关系	外围关键人物及与客户关系	联络人
姓名						
住址						
联系方式						
出生年月						
性格、品行						
爱好、忌讳						
基本经历						

续表

	董事长	总经理	财务主管	其他关键人物及与客户关系	外围关键人物及与客户关系	联络人
管理风格						

客户分支机构名称	地址	联系方式	业务开展情况

	主要经营品种	生产设计能力	目前生产能力	市场范围	产品特色	市场表现
经营品种及特色						

	原料品种	供应商名称	价格及与同业比较	去年应付材料款	各项材料占比	对供应商依赖程度
采购情况						

	主要客户	销售区域	销售策略	去年销售额	销售额占比	存在问题
销售情况						

客户业务发展前景及发展战略概述:

	财务报表是否经过审计	□是　□否	审计单位		审计结论	
财务状况	基本情况	偿债能力	盈利能力及运营能力		现金流量	
	资产总额	资产负债率	销售利润率		投资活动	
	固定资产净值	利息保障倍数	净利润率		融资活动	
	销售收入	速动比率	成本费用利润率		经营活动	
	净利润	营运资金	应收账款周转率		净流入	
	说明:		存货周转率		净流出	

续表

		金融机构	评级	不良贷款金额及时间	处理办法	在同业的评价	备注
信用记录	金融机构信用记录						
	往来企业信用记录	企业名称	评价	拖欠款金额及时间	处理办法	在同业的评价	备注
行业情况	竞争程度	行业特征	主要竞争者	客户竞争优势及市场地位	行业发展前景	有关行业政策	相关行业简况

客户经理签字：

年　　月　　日

第五章
识别客户风险

风险与收益是永远相伴随的。客户经理要想获得客户这个"收益"，就必须承担一定的风险。但风险并不是无法预测或避免的，它可以被化解、被转移、被减小。客户经理应加强对所拓展客户风险的监控与管理，目的在于以最小的风险代价获得最大的客户收益。

风险就其实质来讲是指一种遭受损失的可能性，它具有偶发性、破坏性、连带性、不对称性、周期性和可控性等特点。损失是相对于收益而言的。对客户经理来讲，不能从客户那里获得收益或者获取的收益较小，都可以说是面临着风险。由于市场经济的多变性和客户预期的不确定性，风险在客户经理的客户拓展中是无处不在，客户经理应能够及时对风险加以识别、化解。

客户经理拓展过程中的风险包括两类，一类是客户经理自身及银行所造成的风险，另一类是客户自身的风险给客户经理及银行带来的风险。鉴于客户经理自身及银行所造成的风险将通过银行的规章制度加以防范。客户经理拓展客户过程中的风险大都体现在客户自身的风险上，因此本章重点剖析客户自身的风险。

第一节　客户风险的类型

从客户角度看，风险可大致划分为内部风险和外部风险两大部分。外部风险，即外部环境因素的变动导致的客户风险，包括宏观风险和行业风险；内部风险是客户自身因素引起的风险，包括客户的经营风险和管理风险。

一、外部风险

（一）宏观风险

造成客户宏观风险的因素主要有政治法律因素、经济因素和国际因素。

1. 政治法律因素

政治与法律对客户的经营活动及其效果有重要影响。对客户经营构成风险的政治法律因素主要表现在政府部门改革及领导人更换是否频繁、政府部门对经济的干预是否大、政府官员工作效率与作风、法制规章健全程度等。

2. 经济因素

经济增长率、经济波动周期、物价水平、市场结构、产业政策、就业状况、市场结构、经济发展程度、市场前景等因素都可能造成客户的风险，其中，政府政策变动、物价上涨和经济发展的周期性波动均可直接给客户带来风险。

3. 国际因素

来自国际方面的因素同样可能对客户的经营状况构成威胁，主要表现在汇率变动、国际资本流动、国际技术竞争、对外资政策等。对一些从事国际贸易与技术交流的客户来讲，国际因素的影响极为重要。

（二）行业风险

行业结构、发展状况、未来发展趋势、竞争格局、替代性、依赖性和周期性等因素都会直接影响到客户的经营状况，都可能成为客户承受风险的重要原因。

1. 竞争风险

竞争风险指行业内部企业间的相互竞争给客户带来的风险。产品与服务的可替代性是形成行业的前提，行业市场空间的有限性决定了客户之间必然为抢夺市场而形成竞争，由此必然有的客户要退出行业，同时又有其他客户进入行业。竞争使行业内部各企业之间的势力对比总是处在变动中，加剧了行业市场的不确定性。除少数垄断性行业外，任何一个客户在求得自身生存和发展时，都不得不承受这种竞争风险。

价格竞争是行业竞争的重要表现形式，而客户竞争力的大小主要得益于其对市场的影响力。在激烈的行业竞争面前，那些规模较大、服务对象相对集中、技术优势明显、销售体系完善的客户往往具有更大的话语权。话语权大、市场影响力强的客户抵抗风险的能力就更大。

2. 管制风险

出于经济结构调整等方面的需要，政府会从法律或政策上对某些行业作出一些限制性规定，而这些限制性规定就可能意味着某些风险的产生。除现有的行业限制之外，政府出台的一些新的限制性法规，也同样可能引起风险。因此，在分析管制风险时，应从长远的角度来考查客户所在行业是否具有良好的法律环境，特别是一些新兴的、尚缺乏统一的行业约束标准、正处于上升发展时期的行业。对那些政策敏感性强的行业，如：房地产、外贸等也应特别注意政策的变化及所带来的影响。

3. 替代性风险

替代性风险指在另外一些生产替代品的行业发展较快而对本行业产生冲击时，使本行业企业的发展受影响而产生的风险。生产替代产品的行业可称为本行业的替代行业，替代行业的产品与本行业的产品具有相同的功能或满足相同的需求。替代行业的发展会扩大替代产品的使用范围，培养消费者倾向于替代产品的消费观念，改变同类产品的市场结构，使本行业的消费群变小，市场规模萎缩，从而使本行业的客户面临风险。

4. 依赖性风险

依赖性风险指本行业所依赖的关联行业发生变动影响本行业的发展，从而使本行业客户受影响而产生的风险。本行业与关联行业在原材料供应、产品销售、技术交流等方面具有很深的联系，因此，关联行业出现问题会波及本行业，给本行业企业带来风险。企业所在行业生产的单一性越大，对关联行业的依赖程度越高，客户的风险就越大。客户所在行业集中地依赖一个或两个关联行业，依赖范围越小，客户的风险就越大。

5. 周期性风险

周期性风险指客户受所在行业自身发展周期性波动的影响而面临的风险。行业的周期性波动幅度越大，客户的风险就越大，反之就越小。行业的周期性波动与宏观经济的周期性紧密相关，有些行业是随国民经济的繁荣而繁荣，随国民经济的萧条而萧条，有的行业则滞后于国民经济的发展。

6. 阶段性风险

几乎每一个行业都有一个从无到有、从小到大的发展变化过程，这一过程由不同性质的发展阶段组成：上升阶段、成熟阶段和下降阶段。一定时期内，某一行业总是要处在一定的发展阶段。有的行业是新兴行业，正处于上升时期；有的行业是衰退行业，正处于下降阶段。在行业的不同发展阶段，客户面临的风险也有所不同。在上升阶段，客户面临的风险主要有技术上的不成熟、成本波动较大、缺乏行业标准、缺乏市场开拓经验、市场需求相对不稳定等；在成熟阶段，客户面临的风险主要有抢夺市场份额的竞争十分激烈、整个行业的利润率下降、资金需求量增大、消费者行为日趋成熟等；在下降阶段，客户面临的风险主要有行业利润率下降、生存变得日趋艰难、成本增加、技术难度加大等。

二、内部风险

客户内部风险是指由客户内部存在的各种不确定性因素所带来的风险。每个客户都有自身独特的特点，从规模到产品、从组织结构到经营策略，都可能存在潜在的风险因素，都可能给客户的经营带来风险和损失。对客户来说，自身风险较为直观，但其成因又较为复杂；对银行的客户经理来说，不可能对客户的每一项经营决策与实施都参与，这就增加了对客户风险监控的难度。

（一）经营风险

经营风险是指客户在生产经营过程中可能遇到的风险。客户的生产规模、发展阶段、经营策略、产品性质与特点、原材料采购、产品的生产与销售等环节构成了客户经营的全部内容，这些环节的任何一点出现问题都会给客户的经营带来风险。

（1）客户总体特征隐含的风险。客户的规模、发展阶段和经营策略等构成客户的总体特征，客户的总体特征是客户经营的基础，分析这些特征是分析客户经营风险成因的起点。

（2）客户规模带来的风险。一个客户的规模合理与否并不仅仅从绝对数量上去衡量，而是必须结合本身的产品情况、发展阶段以及所在行业的发展状况与同行业的其他企业相比才能得出结论。在合理的经营策略之下，规模越大，市场份额也就越大，对市场的影响力或控制力也就越强，客户发展也就越稳定。

（3）客户的不同发展阶段所带来的风险。一般来说，新兴客户发展速度快，不稳定因素较多，经营前景较难预测，面临的风险也较高；成熟客户发展平稳，对市场的理解和把握有较丰富的经验，但技术更新的要求和市场需求的转变与升级同样使客户面临风险。

（4）产品多样化程度带来的风险。多元化经营的主要目的在于寻求品种效益和分散市场风险，多样化程度体现着客户的经营实力和成熟程度。产品单一的客户，目标消费群较为单一和集中，市场需求变化与客户总体绩效的关联程度高，因而客户面临的风险较为集中；产品多样化程度较高的客户，在分散市场风险的同时，也面临着多市场经营的风险，如果处理不好可能使客户总体经营面临风险。

（5）经营策略的风险。客户大多会为自己制定明确的近期、中期和远期经营目标，客户经营目标合理与否及执行情况如何，直接关系着客户的经营前景。如果制定的经营目标脱离了实际或者在执行中偏了方向，都可能给客户带来风险与损失。

（6）产品风险。产品性质和与之相关的社会消费特征也会给客户带来经营风险。客户的产品分为生产性产品和消费性产品。生产和销售生产性产品的客户受国际经济形势和社会投资需求的影响很大；生产和销售消费性产品的客户面临着激烈的市场竞争，如果不具备很强的市场竞争力，客户就面临着较大的经营风险。

（7）购买风险。指客户在采购环节出现问题而使客户面临的风险。客户的购买风险主要包括原材料价格风险、购货渠道风险、购买量风险。如果客户能很好地影响供应商的销售价格、有很多的进货渠道并能根据生产进度确定恰当的进货量，则表明其面临的风险较小。

（8）生产风险。客户在生产环节出现的风险主要包括：①连续性风险。在生产过程复杂、生产环节繁多时，从原材料的供应到产品的生产再到产品的销售，构成了客户经营的整个流程，每一环节出现滞留不畅，都会造成生产的中断，给客户经营带来风险。②技术更新风险。在技术和产品升级的压力下，客户如果不能及时采用新技术，提高生产效率，增加产品种类，就可能失去现有的客户而面临经营风险。③灾难风险。客户经营过程中遇到的无法预测的灾难性、突发性事件，如洪水、地震、火灾等，会对客户尤其是实力较低的客户带来灾难性影响。④环境保护风险。是指客户的生产可能给自然环境造成污染，直接影响社会整体利益，引起政策或法律的干预和管制，因被迫停产、交纳罚金或增加附加的环保配套设施等造成损失的风险。

（9）销售风险。客户在销售环节出现的风险主要包括：①销售区域风险。客户根据自己的经营能力选择相应的销售区域，销售区域分布和区域性质选择的合理程度直接关系到销售的成效。如果销售区域过于集中，就意味着区域市场的变化与客户销售业绩的关联度高，客户的销售风险就过于集中；如果客户进行新销售区域开发，对陌生市场区域的消费习惯、消费群结构等因素掌握的相对欠缺也使客户面临着新的风险。②分销渠道风险和销售环节风险。分销渠道的完备程度体现着客户产品分销的效率。如果客户未能建立起有效的多渠道分销网络，或者对现有的网络缺乏足够的控制力量，不能随时全面调动使用其销售功能，在包装、装载、运输、卸货、出售等任何一个环节发生运转不灵，客户就无法及时向其顾客提供产品与服务，从而影响其声誉，造成营业损失。

（10）财务风险。客户收支状况恶化、财务账面异常、资金周转出现困难等都会导致财务风险。客户的财务风险主要包括借贷风险、货款周转风险、利率风险和汇率风险等。借贷风险的发生有两种情况：客户是借出者（如：以委托贷款方式通过银行向其他企业借出资金）和客户是借入者（如：从银行贷款）。客户对借出的资金不能按期收回或对借入的资金不能按期归还，都会影响客户资金周转计划的实现，使客户面临财务风险。货款周转风险是指客户购买和销售过程中因应收应付款项出现异常而使客户资金周转计划无法按期实现所带来的财务风险。利率风险是指因为利率的上升直接造成客户财务账面损失而使客户面临的财务风险；汇率风险则主要是针对外向型客户，或者有对外业务的客户而言的。

（二）管理风险

客户管理体系的许多重要环节如果出现问题，都可能直接影响客户的总体效益，使客户面临管理风险。

（1）组织形式的风险。指客户组织形式的不合理以及组织形式的变动而使客户的盈利能力受影响所带来的风险。由于不同客户的基础条件不同，每个客户应当根据自身条件设计自己的管理体系与组织架构。如果组织形式本身具有缺陷，那么必然会影响客户资源的调配和使用，使客户承担风险和损失。此外，组织结构的变动、增资扩股、股权分拆、兼并、联营、重组等行为如果操作不当，也会对客户的现金流量、盈利能力产生不利影响。

（2）管理层的风险。指由管理层的素质、经验、经营思想和作风、人员的稳定性等给客户带来的风险。管理层的文化程度、年龄结构、行业管理经验及熟悉程度、知识水平与能力、经营思想与作风等都影响着客户的发展，尤其是管理人员离任、死亡或更换、管理层内部不团结、经营思想不统一、人事变动频繁等都会使客户面临较高的风险。

（3）员工的风险。员工的年龄结构、文化程度、专业技术等员工素质方面的因素以及劳资关系的融洽程度等方面的因素都可能给客户带来风险。

（4）管理机制的风险。客户内部管理机制是否健全、是否建有科学的决策程序、人事管理政策、质量管理与成本控制、年度计划及战略性远景规划、管理信息系统、财务管理政策与水平等，都在很大程度上影响客户的正常运作和经营成果。

（5）关联企业的风险。关联企业是指客户的母公司或子公司以及主要供应商、经销商、零售商等构成生产与销售上下游的关联性很强的企业群。关联企业在股权、资金、产品等方面与客户有着密切的连带关系，其经营状况的变化将间接影响客户的生存与发展。

（6）外部纠纷风险。是指客户在经营过程中遇到的一些与外部的法律纠纷所给客户带来的风险。如客户与环保、工商等政府机构产生法律纠纷，可能会给客户带来处罚等后果。

第二节　客户风险的识别与评估

一、客户风险的识别

客户经理必须善于发现、预见、捕捉客户在经营过程中面临的各种可能出现的风险。这是一项非常困难的工作，在诸多的风险因素中，有些容易被发现，有些则不那么容易被发现，直到造成损失才被认识。因此，风险识别需要客户经理协同客户的经营者对客户的经营环境、经营业务有充分的了解，需要丰富的经济知识和实践经验、完备的信息处理能力、深刻敏锐的洞察力和预见力。风险识别可以从客户产品分析、客户经营策略分析、客户市场环境分析、相关行业分析、竞争者分析、财务报表分析、国际经济因素分析等方面着手，以自身所从事的业务和营销的产品为中心，全面发现、捕捉各种可能出现的风险。

客户经理识别客户风险的方法主要有两种：主观风险测定法和客观风险测定法。主观和客观是相对的，这种方法的有效性是依赖主观因素多一些，还是依赖客观因素多一些。在客户风险的实际测定中，一般将这两种方法综合使用。

（一）主观风险测定法

主观风险测定法主要依赖风险管理者的主观努力和个人经验及判断能力。即客户经理如果经验丰富、个人判断能力较强，那么他的主观风险识别能力就强。这种方法主要包括以下几种类型：

1. 财务报表透视法

一般来说，经验丰富的财会工作者、企业领导者和银行管理者都可通过观察财务报表上的有关科目透视出客户面临的风险程度。例如，一个客户的财务状况如果与一个已经破产的企业的财务状况相类似，那么这个客户就处于高风险状态了。

2. 直接观察法

即根据客户所表现出来的种种表象而判断客户处于何种风险程度的方法。经验丰富者从客户的一些活动中及客户领导者的言谈举止中对客户的风险状况有所察觉。

3. 连锁推测法

即根据客户身上已经发生的典型事件来推测客户风险程度的方法。例如，一个客户的领导人频繁更换或有市场传闻其出现了问题，就应该对该客户的风险高度关注。

4. 证券市场追踪法

上市客户的上市表现很能说明客户的风险程度。比如，在某段时间证券报纸、杂志上大肆吹捧某家客户，则有可能意味着客户出现了问题而不得不靠舆论来抬高自己。

（二）客观风险测定法

客观风险测定法是指以反映客户经营活动的实际数据为测定基础的测定方法。过去这一方法主要是利用财务分析指标来分析客户的财务状况，进而判断客户风险。现在，人们已认识到单靠某一分析指标已不能满足需要，为此，人们在进行单个指标的基础上建立了多种综合评价体系，试图进行客户风险的综合判断。

二、客户风险的评估

风险评估是指在发现、预见可能存在的风险的基础上进行风险分析。风险分析是指详细地分析造成风险的各种原因，并估计这种风险发生的可能性大小以及造成损失或收益的大小，从而为决策者进行风险决策提供依据。风险分析要求全面、具体、翔实，应区别不同风险，把导致风险的各种直接因素和间接因素都考虑在内，要为风险评估提供可靠的依据，风险评估应尽量图示、量化、细致、客观，以便科学地反映银行的受险程度。

客户风险给银行带来许多直接或间接的危害，在测量方面存在着很大的难度。但为了有效地预防或控制客户风险，或在客户风险产生后，采取措施减少危害的程度，就必须对客户风险可能造成的危害作出测量。客户风险测量有定性描述和定量计算两种形式，两者各有优点，应相互配合使用。对风险进行量化是现代风险管理的发展趋势，越来越多的量化工具被应用到风险测量之中。

在量化客户风险时，应顺序确定标的、期限、可能事件、发生概率、预测等。

假定某公司生产某产品 F，银行向该公司销售的金融产品为 V，则银行对于客户面临的某种风险 R 的测量应有两个目标：①该企业可能的损失。②由于客户的损失而给银行可能带来的损失。银行帮助客户测量其在未来 t 期的收益变动情况后，还应根据银行与客户发生的业务关系，测量出银行可能出现的收益变动情况。这两种不同的损失都可通过表 5-1 进行分析测量：

表 5-1

事件 A	概率 $P(a)$ X	期望值 X	方差 r_2	标准方差 r	变异数 r/X
(1) 损失 Y_1	$P(a_1)$	$Y_1 \times P(a_1)$			
(2) 损失 Y_2	$P(a_2)$	$Y_2 \times P(a_2)$			
(3) 损失 Y_3	$P(a_3)$	$Y_3 \times P(a_3)$			
(4) 损失 Y_4	$P(a_4)$	$Y_4 \times P(a_4)$			
(5) 损失 Y_5	$P(a_3)$	$Y_5 \times P(a_3)$			
……	……	……			
总体	1	X	r_2	r	r/X

其中：

期望值 $X = Y_1 \times P(a_1) + Y_2 \times P(a_2) + Y_3 \times P(a_3) + Y_4 \times P(a_4) + Y_5 \times P(a_5) + \cdots$

$\qquad = \sum [Y_i \times P(a_i)]$ （i = 1, 2, …, n）

方差 $r_2 = \sum \{S_q [X - Y_i \times P(a_i)]\}$ （i = 1, 2, …, n）

标准方差 $r = DS_q(r_2) = DS_q \sum \{S_q[X - Y_i \times P(a_i)]\}$ $(i = 1, 2, \cdots, n)$

公式中的 n 表示可能的事件个数（未列示的事件为不可能事件）；Y_i 表示第 i 次事件所遭受的损失量（也可表示其他任何风险后果，如获得的收益小于期望值等）；$P(a_i)$ 表示该事件发生的概率；$\sum$ 表示加总数；S_q 表示平方；DS_q 表示开方；表示开方；X 表示所有可能事件发生的期望值。

变异系数又称风险度，它等于标准方差 r 与期望值 X 之比。风险度越大，风险就越大，风险造成的损失也就越大。

三、客户风险中机会的把握

风险中蕴含着机会，机会和风险从来就是一对"孪生兄弟"。本章虽然主要分析的是风险，但客户经理也应意识到，风险在一定意义上就是机会，应在风险分析中把握客户拓展的机会。需要说明的是，一方面，机会有很多，客户经理不应也无须选择任何机会，应根据自身实力与需要、拓展目标与方向、银行的战略意图等因素来对机会加以优化选择利用，否则将可能陷入力不从心、进退两难的风险境地。另一方面，相对于众多的客户经理来说某类机会又是有限的，有限的机会只属于那些善于应变、不失时机捕捉机会的客户经理，客户经理应以实力和策略在同竞争对手的较量中捕捉有利于自己的机会，要领有二：抢时间与打破常规。抢时间，当信息获取到 80% 而不是 100% 的时候就迅速决策，以免机会走失；打破常规，创新求异。

第六章
评估客户价值

　　寻求风险较小而价值最大的客户是客户经理拓展工作的重要内容。客户经理在做好风险分析的同时，应做好客户价值的评估工作。鉴于机关团体类客户一般不与银行发生风险业务注来，故对其评价也较为简单。重点是如何评价工商企业类客户和金融同业类客户的价值以及客户需要项目贷款服务时的项目价值。价值评价与信贷评价不同，价值评价的关键在于发现客户的培育与维护。

第一节　工商企业类客户的价值评价

工商企业类客户的价值评价主要从财务因素和非财务因素两方面、采取量化打分的方法进行。其中，非财务因素主要指资信、经营管理等法人基本情况和市场状况两方面。

一、法人评价的主要内容

（一）基本情况评价

评价内容包括产权构成是否清晰、属何种类型、主营业务是否突出、产品多样化程度、营业地址是否符合业务要求（如商业企业是否在闹市区或居民区）、企业规模大小、有无知名品牌、所处发展阶段。

（二）资信状况评价

评价内容包括客户在开户银行及其他银行的信用状况，有无违约记录；履约情况及潜在的负债情况。有无经济纠纷和经济处罚等其他重大事项。

（三）经营管理评价

1. 领导班子素质和经验评价

评价内容包括：现任领导班子的品德素质、智力素质和能力素质等。具体包括：知识结构、工作经历、道德品质、敬业精神、法制观念、开拓创新能力、团结协作能力、组织能力和科学决策水平等因素。

2. 过去经营业绩分析

包括近几年是否出现较大的经营或投资失误；是否有还债意愿；经营业绩在行业中的水平。

3. 质量管理体系评价

从质量管理水平、质量管理措施、通过的质量管理认证、质量管理制度完善程度等方面进行分析。

4. 生产经营水平评价

包括采购环节注意原材料价格、购货渠道、购买量、能否控制原料供给等；生产环节注意生产的连续性及新技术应用水平；销售环节注意销售范围、促销能力及应变能力等。在整个过程中，注意企业的成本控制水平。

5. 管理制度和管理结构的合理性

从客户组织结构、内部经营管理模式、各项基础管理制度、激励约束机制、信息反馈机制、人力资源配置等方面进行分析。

6. 经营机制评价

有无明确的发展战略、采取何种经营管理体制、与相关企业的关系。

7. 其他方面

包括管理层是否稳定团结、员工素质如何、经营思想与工作作风、企业组织形式是否发生变更等。

二、市场评价的基本内容

（一）市场状况及前景评价

市场供求状况评价。包括近3～5年内本企业产品的市场总体供应量和需求量的关系及该产品的市场销售增长率。

（二）产品竞争力评价

（1）产品的成本结构、竞争范围、价格水平、技术应用水平、销售渠道及服务网络、产品所处周期。

（2）生产能力利用率。指目前企业实际生产能力与设计生产能力之比，反映企业生产能力的利用程度。

（3）市场占有量。

（三）相关因素评价

（1）国家政策影响、对客户的依赖程度。

（2）科技进步的影响。主要指科技进步是否会对产品的需求和价格造成较大的负面影响。

三、财务评价

对企业财务评价的主要基础资料是企业经专业机构审计通过的近3年财务报表、财务报表附注、财务状况说明书、审计报告以及同类型企业相关资料等。财务评价主要是对上述基础资料进行分析，以得出企业财务状况是好还是坏的结论。

（一）财务评价的主要方法

1. 财务比率分析法

本法是通过建立一系列财务指标，全面描述企业的盈利能力、资产流动性、资产使用效率和负债能力、价值创造、盈利和市场表现和现金能力，并将这些财务指标与企业历史上的财务指标、与行业的平均数和行业的先进企业的相关指标进行对比，最后综合判断企业的经营业绩、存在问题和财务健康状况。

财务比率分析应注意：一是结合实际情况，如行业特点、季节性趋势和通货膨胀等。二是结合财务报表后的"附注"或"注释"部分，以防止企业的"盈利操纵"。

2. 三维分析法

三维分析法是历史对比、横向对比和结构对比分析，该法是先计算某一时期各年"三表"中各项账目的比例，然后与本企业历史财务指标、行业的平均数或先进企业的指标或相关比例进行对比，综合判断企业的经营业绩、存在问题和财务健康状况。

3. 因素分解分析法

该法是通过分解影响企业盈利能力、财务风险和经营风险、自我可持续增长率等关键指标的影响因素，从而综合判断企业的经营业绩、存在问题和财务健康状况。

4. 小结

财务报表分析的"三阶段九步骤"，分述如下：

第一阶段：初步分析阶段。

步骤一：阅读企业近3年来的财务报表和主要财务指标，同时阅读同行业领导者或竞争者的财务指标。

步骤二：回顾并找出企业过去一年中发生的重要事件和采取的重要决策或行动。

步骤三：初步归纳和判断企业本年度的财务状况、主要特点和异常现象。

第二阶段：技术分析阶段。

步骤四：应用系统的财务指标体系，计算有关财务比率，包括：盈利能力、资产使用效率、流动性、负债能力、现金流量状况、市场表现和股东回报等。

步骤五：进行财务指标体系的"三维分析"：历史比较分析、行业比较分析和构成比较分析。

步骤六：全面、系统地描述企业的财务状况，刻画其财务特征，找寻其存在或潜在的问题。

步骤七：进行盈利能力、自我可持续增长能力、风险敏感、经营杠杆和财务杠杆程度、价值创造等分析。

第三阶段：做出结论阶段。

步骤八：深入分析企业财务状况及其特征的影响因素。

步骤九：做出财务评价。

（二）财务评价的主要内容

（1）评价企业财务结构的合理性、稳定性及变动趋势。

（2）评价企业盈利能力、偿债能力及发展趋势。

（3）评价现金流量状况及变动趋势。

（4）过去几年对长期负债、短期负债的偿付情况。

（5）分析新增债务对企业生产经营的影响。

（6）重点是判断企业偿还债务的能力，包括偿债资金的来源、数量、可靠性等。

（7）根据以上分析，对企业的财务状况作出一个总体评价。

（8）对新组建的企业法人，应按上述评价内容对其股东进行分析。

（三）资产负债与损益分析

在对资产负债表和损益表进行分析时，应特别注意指标的可比性，剔除非正常的、不可比的因素，并将货币的时间价值观念有机地融入分析过程，并对企业进行必要的实地考察，尽可能多地了解财务报表内不能看到的情况。

评价方法主要有结构分析、比较分析、趋势分析和比率分析方法，一般是将上述四种方法综合使用，通过填写评价参考表的方式来进行评价。

表 6 - 1　企业财务评价参考表——资产负债表评价

项目 ＼ 年份	同业水平 %	年 金额	%	年 金额	%	年 金额	%
流动资产							
现金							
应收账款净额							
存货							
流动资产合计							
长期投资							
长期投资合计							
固定资产							
固定资产净值							
在建工程							
固定资产合计							
无形及递延资产							
无形及递延资产合计							
资产总计							
流动负债							
短期借款							
应付账款							
流动负债合计							

续表

项 目 \ 年份	同业水平 %	年		年		年	
		金额	%	金额	%	金额	%
长期负债							
长期借款							
长期负债合计							
负债合计							
所有者权益							
实收资本							
所有者权益合计							
负债及所有者权益总计			100		100		100

表 6-2　不同行业资产负债表结构分析及效率比率参考指标

项 目 \ 行业	生产销售行业			服务行业	
	制造业	批发业	零售业	资本密集	劳动密集
现金占总资产比重（%）	5~8	5~8	5~8	5~8	5~20
应收账款占总资产比重（%）	20~25	25~35	0~10	0~20	20~60
存货占总资产比重（%）	25~35	35~50	50~60	0~10	0~10
固定资产占总资产比重（%）	30~40	10~20	10~20	50~70	10~30
上述各项之外的资产项占比（%）	5~10				
流动负债占负债权益比重（%）	30~40	40~55	50~60	20~30	40~50
长期负债占负债权益比重（%）	15~25	15~20	10~20	20~30	0~10
所有者权益占负债权益比重（%）	35~50	30~40	25~35	35~50	35~50
总资产周转率（%）	2~5	4~6	1~3	1~2	7~10
存货持有天数（天）	60~100	60~100	100~200	~	~
应收账款回收期（天）	40~60	30~50	0~20	0~35	20~35

表 6-3　部分行业流动比率、速动比率参考指标

行业	汽车	房地产	制药	建材	化工	家电	啤酒	计算机	电子	商业	机械	玻璃	食品	饭店
流动比率	1.1	1.2	1.3	1.25	1.2	1.5	1.75	2	1.45	1.65	1.8	1.3	>2	>2
速动比率	0.85	0.65	0.9					1.25	0.95	0.45	0.9	0.45	>1.5	>2

表6-4 企业财务评价参考表——损益表评价

项目 \ 年份	同业水平 %	年		年		年	
		金额	%	金额	%	金额	%
一、产品销售收入							
减：产品销售成本							
产品销售费用							
产品销售税金及附加							
二、产品销售利润							
加：其他业务利润							
减：管理费用							
财务费用							
三、营业利润							
加：投资收益							
营业外收入							
减：营业外支出							
加：以前年度损益调整							
四、利润总额							
减：所得税							
五、净利润			100		100		100

表6-5 企业财务评价参考表——财务比率评价

项目 \ 年度	序号	同业水平	年	年	年
一、盈利能力比率					
销售利润率	1				
营业利润率	2				
净利润率	3				
成本费用利润率	4				
二、营运能力比率					
总资产周转率	5				

续表

年度 项 目	序号	同业水平	年	年	年
固定资产周转率	6				
应收账款周转率	7				
存货周转率	8				
资产报酬率	9				
权益报酬率	10				
三、偿债能力比率					
资产负债率	11				
负债与所有者权益比率	12				
负债与有形净资产比率	13				
利息保障倍数	14				
流动比率	15				
速动比率	16				
现金比率	17				
四、增长比率					
净销售收入增长率	18				
净利润增长率	19				
总资产增长率	20				
总负债增长率	21				
资产净值增长率	22				

（四）现金流量评价

企业在生产经营过程中，既产生现金流入，又产生现金流出，企业净现金流量决定其是否有足够的现金用来归还银行贷款，因此现金流量应成为对客户的重点分析内容。但鉴于现金流量表并不是企业按法律规定必须编制的，很多企业并没有编制此表，需要客户经理根据资产负债表和损益表自己编制。

现金包括库存现金、活期存款、其他货币性资金以及三个月以内的有价证券。现金净流量由经营活动、投资活动和融资活动这三种活动产生的净流量之和组成。其中，经营活动现金流在评价企业未来获取现金的能力时最为关键，通常用经营活动现金流占全部现金流的比重来考察企业支付能力的稳定程度。对投资和融资活动现金流的分析，也需要结合经营活动现金流同时进行。

经营活动现金流之所以成为现金流量表的分析重点，原因在于企业虽然可通过变卖资产或借债来维持或补充现金的不足，但这只是暂时的，从长远来看，企业必须能通过自身经营产生现金，否则越来越多的债务负担会使企业的财务状况形成恶性循环，且经营活动永远是企业经济活动的主体，即使在资本运营时代，生产经营活动也是基础。

表6-6　现金流量分析表

指标		当期	年	年	年
经营活动现金流量	流入小计				
	流出小计				
	净流量				
投资活动现金流量	流入小计				
	流出小计				
	净流量				
融资活动现金流量	流入小计				
	流出小计				
	净流量				

对当期现金流量进行分析，并对未来现金流量进行预测：

表 6－7 现金流量表的综合分析

经营现金流	投资现金流	融资现金流	分析
＋	＋	＋	经营和投资收益状况较好，这时仍可进行融资，通过寻找新的投资机会，避免资金的闲置性浪费
	＋	－	经营和投资活动良性循环，融资活动虽进入偿还期，但财务状况仍比较安全，有足够的偿债能力
	－	＋	经营状况良好，在内部经营稳定进行的前提下，通过筹集资金进行投资，往往是处于扩展时期，应着重分析投资项目的盈利能力
	－	－	经营状况良好。一方面在偿还以前债务，另一方面又要继续投资，应关注经营状况的变化，防止经营状况恶化导致整个财务状况恶化
－	＋	＋	靠借债维持生产经营的需要。财务状况可能恶化，应着重分析投资活动现金流是来自投资收益还是收回投资。如果是后者，则形势严峻
	＋	－	经营活动已发出危险信号。如果投资活动现金流入主要来自收回投资，则已经处于破产边缘，应高度警惕
	－	＋	靠借债维持日常经营和生产规模的扩大，财务状况很不稳定。假如是处于投入期的企业，一旦渡过难关，还可能有发展；如果是成长期或稳定期的企业，则非常危险
	－	－	财务状况非常危急。这种情况往往发生在高速扩展时期，由于市场变化导致经营状况恶化，加上扩展时投入了大量资金，使企业陷入困境

在不考虑所得税的情况下，现金流的总量虽然不会因会计处理方法不同而不同，但各项现金流所占的比重仍会受其影响。如前所述，现金流的结构对于客户经理分析企业未来获取现金的能力很重要。故客户经理在进行现金流量分析时，对影响现金流分类的因素尚需作进一步的分析。这些因素主要包括：

1. 现金流的分类标准

购买固定资产和存货（如原材料）同是为经营活动服务，但购买固定资产被作为投资活动处理，购买存货则被作为经营活动处理。这种分类标准的不一致，为正确评价企业未来获现能力带来一定的困难。

2. 投资活动的分类

投资活动有两种：一种是为维持和扩大生产规模而进行的；另一

种是为闲置资金寻找投资机会或为开拓新的业务领域而进行的。这两种活动产生的现金流都在投资活动现金流中反映。而实际上，第一种投资活动现金流在本质上说是属于经营活动。将这种支出作为投资活动现金流，就使得经营现金流中没有考虑企业为维持现有生产能力而需要的支出。因此，经营现金流即使大于零也不表示企业的经营活动可以由自己产生的现金流入维持。如果忽视这个因素，就有可能高估企业产生现金的能力。

3. 会计准则

比如，经营性租赁的租金属经营现金流，而购买固定资产的支出属投资现金流，假设两家企业的差别仅限于此，仍会使现金流不相同。这就可能使客户经理认为，购买固定资产的企业其现金流状况要比较好，从而造成对该企业产生现金流能力的高估。

4. 非现金交易

比如，上市公司的法人股东以固定资产折价购买股票，对于接受投资的上市公司来讲，实质上是同时发生了一项投资活动（用募股资金购买该固定资产）和一项融资活动（发行股票）。但这种交易一般只在财务报表附注中列示，客户经理可能会因阅读疏忽而对其现金流分析产生失误。

5. 会计处理方法

比如，在会计实践中很难区分一项租赁是经营性租赁还是融资性租赁，这就为管理层操纵现金流提供了方便。

6. 不同行业或处于不同发展阶段的企业，其现金流特点不同

比如，在开发新产品或引进新生产线时，其经营、投资活动现金流肯定为负；而当产品上市后，净现金流量可能增加。

7. 根据现金流量判断客户能否归还银行贷款及还款来源

现金流量为正时，能够归还贷款。但应进一步分析：是用正常生产经营活动产生的现金还款，还是通过出售证券投资来还款？是向其他银行借款还款，还是出售无形资产、设备还款？

现金流量为负时，不一定表明客户不能归还银行贷款。此时应从

结构和现金流出顺序来判断能否还款及还款来源：经营活动产生的现金流入首先要满足其支付货款、购买存货、支付工资、支付利息、交税等方面的现金流出，而不能用于还款。如果净利润为正数，借款人经营活动剩余的现金还要给股东分配股利，之后，才能用来归还贷款。

（五）财务评价小结

经过以上对企业财务状况的分析，客户经理至少能回答以下问题：

（1）评价指标中有哪些指标低于正常水准，原因是什么？

（2）财务状况是否异常，原因是什么？

（3）现金流量变化的原因是什么？未来现金流量如何？请阐述此结论的依据。

（4）资产负债率高或者低的原因。

（5）偿债能力、盈利能力及资产变现能力如何？

（6）应收应付账款的数额、成因及账龄情况如何？

（7）存货的实际价值有多大？

如果被评价客户对银行来讲很重要，客户经理就应专门写出财务状况评价报告，得出一个该客户财务状况的整体性结论。

四、企业价值的综合评价

（一）综合评价的基本步骤

第一步，选择若干个指标，分别给定每个指标在总评价中的比重，各项指标的权重总和为100%，各小类指标权重之和等于大类指标的权重。

第二步，确定标准比率，并与实际比率相比较，根据实际比率与标准比率的差异程度评出每项指标的得分。表6-8中的"分值"栏列出了五个档次，运用该表时可先看客户的实际情况符合或接近哪个分值栏的标准，就可判定客户该项指标应得多少分。

第三步，采取加权算术平均法计算总得分，即将表中各行"档次"与"权重"栏之积相加。这样就可从总得分的多少来判断企业的优质程度。得分越高，表明客户价值越大。

（二）综合评价的注意事项

（1）本办法只是提供了一个综合判断框架，如表中某项重要指标得分极低，也可只根据这一指标判定该客户价值极低。如某个客户信誉极低，那么该客户即使财务状况很好，客户经理也得慎重对待。

（2）不同行业、不同地区的企业其得分有所不同，高成长行业或发达地区的企业得分可能要高一些，原因在于不同行业、不同地区的企业的"指标"水平不同。比如电信企业近几年的销售收入增长率超过20%是经常的事，而一般制造业企业维持在10%就很不错了。因此对客户进行价值评价，还应结合行业评价、地区评价进行。

（3）从对企业的价值评价中概括出客户的核心竞争力，作为同该客户是否发生风险业务及发生多大量风险业务的最终标准。

表6-8 客户价值评价标准值参考表

因素大类	因素小类	选用指标	分值					权重
			0	25	50	75	100	
法人因素（30%）	基本情况	产权构成、主业占比、规模、品牌等方面	无主业、产权结构混乱	有主业但不清晰	有主业，但无知名品牌	有知名品牌	有多个知名品牌	5%
	资信状况	违约记录	2次或以上	1次	无	获得资信证明书	获得级别较高的资信证书	6%
		经济纠纷	2起或以上	1起	无	在同业中口碑较好	公认的资信优良单位	4%

续表

因素大类	因素小类	选用指标	分 值					权重
			0	25	50	75	100	
法人因素 (30%)	经营管理	领导班子素质和经验	素质低,经验欠缺	素质不高,经验少	素质、经验一般	素质较高,经验较丰富	素质高,经验丰富	4%
		经营机制	僵化、落后	不适应市场,较落后	一般	较灵活	灵活,市场反应能力强	6%
		管理体系	制度不健全、管理混乱	不太合理	一般	较合理	合理、先进	5%
市场因素 (40%)	市场供求及前景	供求关系	严重过剩,行业设备利用率不足70%	行业设备利用率在70%~80%,市场过剩	行业设备利用率、产销率均在80%~90%	行业设备利用率、产销率均在90%以上,但新上能力较多	行业设备利用率、产销率均在90%以上,并且没有新上能力。	5%
		市场前景	近3年销售增长率低于GDP增长率5个百分点及以下	低于全国0~5个百分点	高于全国0~5个百分点	高于全国5~10个百分点	高于全国10个百分点及以上	7%
	产品竞争力	竞争范围、价格水平、技术应用、销售渠道、产品所处生命周期等	国际竞争、国内高价且价格波动幅度在100%以上、技术水平一般、无销售网络,产品处于衰退期	部分国际竞争、高于国内平均价格10%以上,价格波动幅度在60%~100%	国内竞争,价格在-10%~10%,波动幅度为30%~60%,处于国内较先进水平,产品处于成熟期	地域竞争,价格低于全国平均10%以下,波动幅度为0%~30%,处于国际平均水平,在国内有较大销售网络	地区竞争,国内外最低价格且波动幅度较小,国际先进水平,在国内外有销售网络,产品处于成长期	8%
		生产能力利用率	50%以下	50%~60%	60%~75%	75%~90%	90%以上	7%
		市场份额	3%以下	3%~5%	5%~10%	10%~20%	20%以上	8%

续表

因素大类	因素小类	选用指标	分 值					权重
			0	25	50	75	100	
市场因素(40%)	相关因素	国家政策、客户依赖程度	无政策支持或有限制措施，第一位客户的销售量占其总销售额的比重在20%以上	第一位客户销量占比在15%~20%	政策规定将淘汰替代产品，第一位客户销量的占比在10%~15%	第一位客户的销量占比在5%~10%	有扶植政策，第一位客户销量占比在5%以下	5%
财务因素(30%)	盈利能力	净资产收益率	≤0.7%	>0.7%	>1.4%	>2.8%	≥5.5%	3%
		销售利润率	≤7%	>7%	>8%	>9%	≥10%	2%
	营运能力	应收账款周转率	≤5%	>5%	>6.5%	>10%	≥15%	3%
		存货周转率	≤5%	>5%	>6.5%	>7.5%	≥8.5%	3%
	偿债能力	资产负债率	≥85%	<85%	<70%	<60%	<45%	2%
		速动比率	≤60%	>60%	>90%	>150%	>200%	3%
		利息保障倍数	≤1	>1	>1.5	>2.5	>3	2%
	增长能力	销售收入增长率	≤8%	>8%	>12%	>15%	>20%	3%
	现金流	净现金流量	行业平均水平	行业平均水平+5个百分点	行业平均水平+10个百分点	行业平均水平+15个百分点	高于行业平均水平20个百分点或以上	9%

表6-9 企业价值评价计分卡

指标	权重	取值	得分
一、法人因素	30%		
基本情况	5%		

指标	权重	取值	得分
违约记录	6%		
经济纠纷	4%		
领导班子素质与经验	4%		
经营机制	6%		
管理体系	5%		
二、市场因素	40%		
供求关系	5%		
市场前景	7%		
竞争范围等产品竞争力因素	8%		
生产能力利用率	7%		
市场份额	8%		
相关因素	5%		
三、财务因素	30%		
净资产收益率	3%		
销售利润率	2%		
应收账款周转率	3%		
存货周转率	3%		
资产负债率	2%		
速动比率	3%		
利息保障倍数	2%		
销售收入增长率	3%		
净现金流量	9%		
合计得分			

五、地区评价与行业评价

对企业价值的评价在绝大多数情况下应结合地区评价和行业评价进行。地区评价结果相对比较稳定，一般只有在经济发展发生重大逆转时才予以调整或重新评价。行业评价一般结合具体的企业评价进行，可在有关专业研究部门所做研究的基础上进行。

（一）地区评价的主要内容

1. 经济因素

（1）人均 GDP 及 GDP 增长率。该指标反映地区经济发展水平。

（2）财政收支情况。该指标间接反映经济发展水平。

（3）科技进步水平。从科技基础条件、科技投入、科技产出、科技促进社会经济发展等方面评价地方科技实力。

（4）可持续发展能力。从地区资源禀赋、资源转化效率、发展成本与质量、居民消费水平等方面反映可持续发展能力。

（5）资本形成速度与规模。用投资率来反映地区吸引投资的水平。

2. 社会环境状况

（1）地方政府对市场经济的适应能力。从地方政府的机构设置、机构职能、管理经济的方式与效果、市场意识等方面考察。

（2）地方政府协调能力。指地方政府运用经济手段、政策法规等手段对经济主体的调控能力。

（3）地区产业结构的合理性。包括第一、二、三产业的比例，反映地区产业结构及各产业的发展水平。

（4）地区金融环境。包括各金融机构的竞争情况、资产质量等情况。

（5）地方法规及投资政策。

3. 在本银行的资产质量及信用状况

（1）本银行在该地区的贷款损失率。

（2）本银行在该地区累计合约违约率。这里的违约是指因客户原因而造成的违约。

（3）不良资产的变化趋势。

4. 其他因素

上述三种因素中没列出但可能对地区评价产生影响的因素。

表6-10 地区评价计分标准参考表

因素	选用指标	分值					权重
		0	25	50	75	100	
经济因素（30%）	人均GDP	0.4万元以下	0.4万~0.5万元	0.5万~0.8万元	0.8万~1.2万元	1.2万元以上	6%
	近3年GDP增长率	6%以下	6%~7%	7%~8%	9%~10%	10%以上	6%
	近3年财政收入增长率	9%以下	9%~11%	11%~14%	14%~17%	17%以上	4%
	近3年财政收支状况	支出超过收入25%以上	支出超过收入10%~25%	基本平衡（±10%）	地方盈余在总支出的10%~25%	地方盈余大于25%	4%
	科技进步水平与可持续发展能力	在全国处于最后几位	低于全国平均水平	全国平均水平	高于全国平均水平	全国前几位	6%
	近3年平均资本形成率	40%以下	40%~45%	45%~55%	55%~60%	60%以上	4%
社会环境因素（30%）	地方政府对市场经济的适应能力及管理经济的能力	弱	较弱	一般	较强	强	10%
	产业结构的合理性	第二、三产业比重在75%以下	75%~80%	在80%以上，第三产业比重在30%~40%	在80%以上，第三产业比重在40%~45%	在80%以上，第三产业比重在45%以上	7%
	地区金融环境	差	较差	一般	较好	好	7%
	政策	不完善，阻碍经济发展	有一定负面影响	一般	较完善	完善	6%

续表

因素	选用指标	分值					权重
		0	25	50	75	100	
在本银行资产及信用状况（30%）	贷款损失率	>0.4%	0.3%~0.4%	0.2%~0.3%	0.1%~0.2%	0~0.1%	10%
	合约违约率	>30%	20%~30%	15%~20%	10%~15%	<10%	9%
	不良资产的变化趋势	上升2%以上	上升2%以内	下降2%以内	下降2%~5%	下降5%以上，或近期出现不良资产的可能性较小	11%
其他因素（10%）							10%

表6-11 地区评价计分卡

指标	权重	取值	得分
一、经济因素	30%		
人均GDP	6%		
近3年GDP增长率	6%		
近3年财政收入增长率	4%		
近3年财政收支状况	4%		
科技进步水平与可持续发展能力	6%		
近3年平均资本形成率	4%		
二、社会环境因素	30%		
地方政府对市场经济的适应能力及管理经济的能力	10%		
产业结构的合理性	7%		
地区金融环境	7%		
政策	6%		
三、在本银行资产质量及信用状况	30%		
贷款损失率	10%		
合约违约率	9%		
不良资产的变化趋势	11%		
四、其他因素	10%		
合计得分			

（二）行业评价的主要内容

1. 需求状况

（1）未来 5 年行业所处的生命周期。根据行业发展历史与现状，考察行业增长状况、市场供求和行业内竞争状况等方面的阶段性特征和总体发展变化趋势。

（2）行业发展与国民经济周期性的相关程度。根据相关程度判断行业对宏观经济及相关行业的敏感程度，并根据敏感程度，判断在现阶段经济发展状态下介入该行业是否适宜。

（3）行业销售增长分析。包括分析以往三年行业销售收入增长情况和预测未来五年行业销售增长情况。

（4）行业在国民经济中的地位及变化趋势。结合行业发展历史、行业现状和行业规划等资料，考察行业产值占 GDP 比例的演变趋势，分析行业对国民经济发展的重要程度。

（5）行业主要产品进口分析。包括进口额占比及变化趋势。预测时不但要考虑总量，还应考虑进口产品的结构是否合理，未来会有何变化。

2. 供给状况

（1）行业对国民经济发展的适应性。包括是否为先行行业、领头行业，其景气状态和内部结构是否能满足国民经济发展的需要；行业是否存在可持续发展的障碍；目前行业结构调整状况如何。

（2）当期生产能力利用率。考察行业现有生产能力的总量和结构状况以及主要产品的库存状况，评估行业整体生产能力利用率。

（3）未来 5 年生产能力利用率。在评估当期生产能力利用率的基础上，结合未来 5 年行业供求状况和计划新增生产能力的分析，预测未来 5 年行业生产能力利用率。

（4）行业主要产品出口情况。包括出口量变化及出口量占比。预测时不但要考虑总量，而且要考虑结构，今后有何变化。

3. 供求状况

供求状况分析主要指供求是否平衡，供求缺口有多大。

4. 行业竞争环境

（1）竞争范围与行业发展的关系。竞争范围是地区性、全国性还是国际性的，这种竞争范围是否有利于行业发展。

（2）竞争类型与行业发展的关系。竞争类型属垄断、寡头还是自由竞争，这种竞争类型是否有利于行业发展。

（3）行业进入难易程度。分析行业进入条件，有哪些进入壁垒。

（4）行业运行机制和运作水平。分析行业的监管和运行机制是否适应行业发展的需要，是否正在向有利于行业发展的方向演变，或者是否由于机制不合理而阻碍了行业发展，以及在现行机制下行业的运作水平。

5. 市场开放情况

（1）加入世界贸易组织（WTO）的时间框架对行业发展的影响。分析这种时间安排对行业发展的影响。

（2）行业主要产品与国际水平相比较的质量水平。考察行业主要产品所采取的质量标准和质量控制手段，并与国际质量水平相比较。

（3）行业主要产品与国际水平相比较的价格水平、成本费用水平。分析行业在产品价格、成本费用方面的竞争力。

6. 科技进步情况

考察行业的总体技术和装备水平、行业是否具备有效的创新机制，评价行业的技术创新能力。

7. 政策法规影响

（1）宏观政策。产业政策、投资政策、税收政策、环保政策等政策对行业发展的影响及这些政策未来可能调整的方向。

（2）法律法规。包括国家法律和行业法规，分析其对行业发展的影响。

8. 与本银行关系

（1）信贷资产质量。包括贷款损失率及不良资产的变化趋势。

（2）信用状况。分析合约违约率。

表6－12 行业评价计分标准参考表

因素	选用指标	分　值					权重
		0	25	50	75	100	
供求状况	未来5年行业所处生命周期	导入期或衰退期	成熟后期	成熟期	成熟前期	成长期	6%
	行业发展与国民经济周期的关系	不利影响		无明显影响		有利影响	4%
	以往3年行业销售收入平均增长率	5%以下	5%～10%	10%～14%	14%～17%	17%以上	6%
	行业地位及变化趋势	占GDP的比例下降明显	缓慢下降	起伏不定，但幅度不大	比例稳定	比例上升	6%
	主要产品进口	很不合理	不合理	可接受	比较合理	合理	5%
	行业适应性	一般行业				先行行业	3%
	当期生产能力利用率	<65%	65%～70%	70%～75%	75%～85%	>85%	6%
	主要产品出口	差	较差	一般	较好	好	4%
	供求关系	供给严重大于需求	供给大于需求	基本平衡	需求大于供给	严重供不应求	
行业竞争力	竞争范围与竞争类型	不利	比较不利	一般	比较有利	有利	5%
	进入壁垒	容易	比较容易	一般	不容易	很不容易	8%
	运行机制与运行水平	差	较差	一般	较好	好	4%
	市场开放时间	短时间内即有不利影响	2～3年内有不利影响	3年后有不利影响	无不利影响	有有利影响	8%
	质量、价格及成本水平	差	较差	一般	较好	好	5%
	科技创新及应用	差	较差	一般	较好	好	5%
政策法规	宏观政策	5年内有负面影响		5年内有负面影响		无负面影响	5%
	法律法规	5年后有负面影响		5年后有负面影响		无负面影响	5%

续表

因素	选用指标	分 值					权重
		0	25	50	75	100	
与本银行关系	贷款损失率	0.4%以上	0.3%~0.4%	0.2%~0.3%	0.1%~0.2%	0~0.1%	6%
	合同违约率	>30%	20%~30%	15%~20%	10%~15%	<10%	4%
	不良资产变化趋势	上升2%以上	上升2%以内	下降2%以内	下降2%~5%	下降5%以上，或近期出现不良资产的可能性较小	5%

表 6－13 行业评价计分卡

指标	权重	取值	得分
一、供求状况	40%		
未来5年行业所处生命周期	6%		
行业发展与国民经济周期的关系	4%		
以往3年行业销售收入平均增长率	6%		
行业地位及变化趋势	6%		
主要产品进口	5%		
行业适应性	3%		
当期生产能力利用率	6%		
主要产品出口	4%		
二、行业竞争力	35%		
竞争范围与竞争类型	5%		
进入壁垒	8%		
运行机制与运行水平	4%		
市场开放时间	8%		
质量、价格及成本水平	5%		
科技创新及应用	5%		
三、政策法规	10%		
宏观政策	5%		
法律法规	5%		

续表

指标	权重	取值	得分
四、与本银行关系	15%		
贷款损失率	6%		
合同违约率	4%		
不良资产变化趋势	5%		

第二节　金融同业类客户的价值评价

对金融同业类客户的价值评价主要从股东结构、资产状况、经营业绩、盈利能力、偿债能力、风险监控水平、在同业中的信誉形象等方面进行。选取定性和定量两种指标，分别对银行和非银行金融机构进行价值评价。

表 6 – 14　银行价值评价计分标准参考表

指标大类	大类指标及最高得分	具体指标	该项指标满分	该项指标标准值	该项指标实际值	实际得分	评分标准
定量指标（60分）	资本资产实力（30分）	资本充足率	10分	8%			达到标准值及以上满分，比标准值每下降1个百分点扣3分，最低得分为0
		所有者权益	10分	80亿元			实际值与标准值之比：>2，得10分；1～2，得8分；0.5～1，得8分；<0.5，得6分
		总资产	10分	800亿元			同"所有者权益"评分标准
	资产质量（10分）	不良贷款率	10分	10%			标准值以下得满分，每上升一个百分点，扣2分，扣完为止
	盈利能力（20分）	资产利润率	10分	0.7%			达到标准值及以上得满分，比标准值每下降0.1个百分点，扣1分，扣完为止
		年利润增长率	10分	3%			达到标准值及以上得满分，比标准值每下降0.5个百分点，扣1分，扣完为止

续表

指标大类	大类指标及最高得分	具体指标	该项指标满分	该项指标标准值	该项指标实际值	实际得分	评分标准
定性指标（40分）	在所有者权益结构中，国有股的比重（10分）		10分				国有独资商业银行和政策性银行得10分；国有控股的股份制商业银行可得7~10分，外资银行、中外合资银行可得6~8分，城市商业银行可得4~7分，城乡信用社可得1~5分
	内控制度与管理水平（10分）	开展业务年限	3分				经营历史10年以上，得3分；每减少2年，扣0.5分。成立不足3年的，不予考虑
		主要规章制度	3分				非常完备，得满分；比较齐全，得1分；有缺陷，得0分
		应对事件能力	4分				能迅速反映并有应对方案，得4分；能较迅速进行处理，得2分；不能作出反应，得0分
	与本银行往来情况（15分）	资金往来情况	4分				资金拆借累计金额在50亿元以上的，得4分。每减少5亿元，降低1分
		往来记录	7分				无不良记录，得7分；有一笔不良记录，得1分；有两笔或以上不良记录，得0分
		合作前景	4分				合作意愿强，能带来较多相关业务，得满分；合作态度较积极，得2分。最低得0分
	同业间资信状况（5分）		5分				信誉卓越，记录良好，得5分；资信较佳，记录较好，得3分；有一笔不良记录，得0分

表6-15　非银行金融机构价值评价计分标准参考表

指标大类	大类指标及最高得分	具体指标	该项指标满分	该项指标标准值	该项指标实际值	实际得分	评分标准
定量指标（60分）	资本资产实力（15分）	所有者权益	8分	30亿元			实际值与标准值之比：>1，得8分；0.5~1，得6分；<0.5，得3分
		总资产	7分	120亿元			实际值与标准值之比：>1，得7分；0.5~1，得5分；<0.5，得2分
	资产质量（15分）	不良资产率（非券商指标）	15分	13%			标准值以下得满分；比标准值每超过1个百分点，扣2分，扣完为止
	经营水平（15分，券商指标）	一级市场参与比例	7分	2%			达到标准值及以上得满分；比标准值每低0.5个百分点，扣1分
		二级市场成交占市场份额	8分	2%			同"一级市场参与比例"评分标准
	盈利能力（15分）	资产利润率	7分	4%			达到标准值及以上得满分；比标准值每低0.5个百分点，扣1分，扣完为止
		利润增长率	8分	12%			达到标准值及以上得满分；比标准值每低1个百分点，扣1分，扣完为止
	流动性（15分）	资产流动比	15分	80%			达到标准值及以上得满分；比标准值每低5个百分点，扣1分，扣完为止
定性指标（40分）	在所有者权益结构中，国有股的比重（10分）		10分				国有及有财政参股的全国性非银行金融机构，得8~10分；地方财政参股的区域性非银行金融机构，得5~8分；其他非银行金融机构，得2~6分

续表

指标大类	大类指标及最高得分	具体指标	该项指标满分	该项指标标准值	该项指标实际值	实际得分	评分标准
定性指标（40分）	内控制度及管理水平（10分）	管理架构	3分				组织健全、管理者素质高，得3分；否则在0~2分中选择
		营业年限	4分				营业年限10年以上，得4分；每减少1年，扣0.5分
		制度建设	3分				非常完备，得3分；否则在0~2分中选择
	与本银行往来情况（12分）	往来记录	8分				无不良记录，得8分；有一次不良记录，得1分；有一次以上不良记录，得0分
		合作潜力	4分				视合作潜力大小，分别选择0~4分
	同业间资信状况（8分）		8分				信誉卓越，无不良记录，得8分；有一次不良记录，得2分；有一次以上不良记录，得0分

第三节 项目的价值评价

企业有时要求银行提供项目贷款服务,这时客户经理除了需对企业进行价值评价,尚需对项目进行单独评价。与客户价值评价所依据的基础资料大都为企业现实之资料不同,项目价值评价所依据的资料大都是"虚拟"的:项目需要银行服务时还没有投产,没有产品出售,也没有因产品销售等经营活动而产生的现金流,因此对项目未来财务效益、偿债能力等情况的判断是在对项目未来状况作出理性假定基础上进行的,这就需要为进行评价确定一些基础的参数,并以这些参数为基准,估算项目未来的资产负债、损益及现金流量等情况。然后根据评价标准参考表计算得分,分数越高,表明项目价值越高。

一、项目价值评价的主要内容

(一) 项目概况

项目概况的评价主要是评价项目建设的必要性、合理性及外部条件的落实情况。必要性评价主要包括是否符合国家产业政策和地区、行业发展规划,是否属于国家政策明令禁止、限制的项目,项目前期批准文件是否完备。合理性评价主要指项目技术设备是否符合国家技术发展政策和技术进步装备政策,项目工艺是否具有技术先进性和经济合理性。外部条件评价主要包括项目建设及生产用地和原材料、燃料、动力来源是否可靠,项目建设的相关基础设施、配套工程及环保方案是否落实。

(二) 产品市场评价与市场需求预测分析

产品市场评价主要是分析产品国内、外市场的供求现状及发展趋势。项目产品产销量应依据市场预测结果确定。垄断行业、国家定价产品以及市场价格难以预测的产品(如:高科技产品),其销售价格应根据产品成本费用、税金、合理利润水平及债务清偿要求等综合测算确定；竞争性行业产品应采用市场价格预测。产品产销量和价格均应分析其实现的可能性。销售税金及附加按项目产品适用的税种、税目、税率和征收办法分别计算。

市场需求预测分析是指在市场调查和供求预测的基础上，根据项目产品的竞争能力、市场环境和竞争者等要素，分析和判断项目投产后所生产产品的市场销路问题。要了解项目投产后所生产产品的需求，首先就要了解该产品的性能、质量和规格等指标与国内外同类产品相比的竞争优劣势。同时参考社会购买力水平和产品价格水平。预测内容则包括市场潜在需求量、区域市场潜在需求量、行业销售额和市场占有率等。

（三）项目非财务评价

1. 项目背景分析

包括项目发起人分析、项目建设理由分析等。项目发起人分析包括发起人的管理水平、财务状况、经营状况与信用度等，这些因素与项目能否如期完工密切相关。项目建设理由分析是指对项目发起方提出的项目建设理由进行分析，判断建设该项目能否带来预期效益，包括能否更充分地利用资源、降低能源消耗，能否扩大生产经营规模、提高产品竞争力等。

2. 生产规模分析

生产规模分析是指对拟建项目生产规模的大小所做的审查、评价和分析。包括：是否达到国家政策所规定的最低规模要求，是否符合规模经济需要，是否符合国家、地区和行业的经济发展规划，是否符合地区或行业对项目规模的要求；是否与生产技术和设备、设施相配套，建设资金和资源供应能否满足项目建设需要，确定项目规模时是否考虑了土地使用权、交通运输、环境保护、人员编制、设备供应等条件。对项目可行性报告提供的生产规模方案，银行可采取效益成本法（盈亏平衡点比较法、净现值法、最低成本分析法等）进行选择，即选取经济效益最高或成本最低的方案。也可采取多因素评比法进行选择，即将影响项目建设规模的各种因素进行比较，从中选择大部分因素都比较好的方案。

3. 原辅料供给分析

原辅料供给分析是指项目在建成投产后生产经营过程中所需各种原材料、辅助材料及半成品等的供应数量、质量、价格、供应来源、运输距离及仓储设施等情况的分析。实践中有些项目已经建成了，才发现项目所在地根本供应不了项目所需要的原辅料，不得不从远处购买原辅料，从而加大了生产成本，降低了市场竞争力。应重点评估四个方面：一是原辅料在质量、性能上能否满足项目生产工艺的要求；二是原辅料的供应数量能否满足项目需求；三是原辅料可替代性（原来的原辅料不能满足项目需求时能否用其他原辅料替代）及其价格、运费、变动趋势对项目产品成本的影响是否巨大；四是分析原辅料的存储设施能否满足需要。

4. 技术及工艺流程分析

技术及工艺流程分析是指分析项目建设技术方案是否最佳、项目的生产过程能否在最经济的条件下实现。包括四个方面：一是在了解国内、外现状的基础上，分析项目产品的规格、品种、技术性能及产品质量，以判断该项目是否生产在国内、外处于领先水平的产品。二是分析工艺技术方案是否是综合效果最佳的工艺技术方案。这可从工艺技术的先进性、成熟性、原材料适应性、经济合理性，技术来源的可靠性、经济性，产业基础和生产技术水平的协调性，工艺技术方案能否保证产品质量，工艺技术实施的可行性，工艺技术实施对外部环境的影响，是否与社会发展目标相符合等方面进行分析。三是对投资项目设备的适应性、技术先进性、经济合理性（能耗、物耗小于或等于拟建项目规定的指标）、配套性（相关设备、器具之间在数量、技术参数和指标上是否吻合，技术水平上是否适应）、可靠性（能否连续不断生产出高质量产品而不发生故障）、可维护性及设备的生产能力、使用寿命（包括物质寿命、技术寿命和经济寿命等）进行评估，研究项目所需设备的型号、规格、数量和来源能否满足项目的生产能力（应与设计生产能力相吻合）、技术装备水平及能耗、物耗等指标的要求。四是分析工程设计方案是否经济合理,是否符合项目的总体发展。包括是否满足生产工艺流程要求;是否符合国土规划、土地管理和城市规划的要求;布局是否紧凑,能否适应运输要求;是否符合卫生、安全要求;是否体现节约原则;地基工程、工业管道工程、电气及照明工程、给排水工程、采暖及通风工程等土建工程是否经济合理;建筑物的平面布置和楼层高度是否适应工艺和设备需要,是否符合实用经济原则;施工方法是否科学,工程量是否适量;施工进度、施工顺序、建设材料供应计划是否合理等。

技术及工艺流程分析是一项工艺较复杂、专业性较强的工作,因此必要时可咨询专业技术人员。但银行工作人员也不能总当门外汉,应注意提升这方面的技能。

5. 项目环境条件分析

包括项目投资环境、项目建设条件及项目生产条件。项目投资环境包括工业建设的优惠政策和措施等条件,资源、市场、社会协作条件,基础设施条件,建设用地条件,自然条件,劳动力来源等。项目建设条件包括拟建项目的人力(技术力量和劳动力的来源及培训等情况)、物力(建筑材料及其采购、管理情况)及财力(资金来源及筹措情况)资源等内部条件和建筑施工、协作配套(原材料、燃料、交通运输等)、厂址选择、环境保护(环境影响评价环境投资情况、治理方案等)等外部条件。项目生产条件主要是项目建成投产后生产经营过程中所需要的物资条件和供应条件,包括资源条件、原材料供应条件、燃料及动力供应条件等。资源条件分析就是看项目能否最大限度地利用矿产、土地、水、电等资源。原材料供应条件分析就是分析原材料供应数量、质量能否满足项目生产能力需要。燃料及动力供应条件分析就是看项目生产所需燃料、水、电等能否满足需要。

6. 项目组织与人力资源分析

包括项目建设运作机构是否高效、精简,能否高效率、高质量地完成项目建设工作,是否具备实施管理项目的能力;人员配备是否合理,培训是否到位,特别是关键岗位人员是否能满足项目建设运营要求等。

（四）财务评价

对银行来讲，财务评价比非财务评价更为重要，因为这关系到项目建成后能否取得预期的经济效益，能否按期规划银行贷款。

1. 总投资评价

项目总投资是指贷款项目的建设投资和流动资金之和。建设投资又包括建筑安装工程费用、设备购置费用（含工器具的购置费用）、基本预备费用、投资方向调节税、工程建设其他费用（如土地征用费、耕地占用税、建设单位管理费、勘察设计咨询费、职工培训费、供电供水费等）等静态投资部分和建设期利息、汇率变动部分和价差预备费等动态投资部分。流动资金为项目建成后正常经营所需要的营运资金，可依据行业的具体情况采用"分项详细估算法"和"扩大指标估算法"进行估算。前种方法一般对存货、现金、应收应付账款等流动资金的主要构成要素进行估算；后种方法一般参照同类生产企业流动资金占销售收入、经营成本或固定资产投资比例等进行估算，也可根据单位产量占用的流动资金估算。流动资金的30%部分为铺底流动资金。

项目总投资应符合以下要求：投资估算依据符合有关规定；工程建设内容齐全，无任意扩大规模或提高建设标准，无重复项或漏项；投资估算及投资构成合理；取费标准规范合理；建设投资估算所采用的单价、定额、费率、工程量、估算方法是否合理合规；当客户提供的总投资金额与客户经理计算的总投资金额有较大出入时，应要求客户重新核报。

表 6-16 项目总投资评价表

序号	项目名称	上报总投资			评价总投资			增减（+/-）	调整依据
		静态	动态	合计	静态	动态	合计		
	合计								

2. 资金筹措评价

资金筹措评价主要是分析项目资本金和其他资金来源的落实情况及融资结构的合理性。分析时，应要求客户提供有关落实建设资金及流动资金的证明文件、各投资方出具的出资承诺函及资金来源与需求平衡表。评价内容则主要体现在三个方面：

（1）根据项目的情况和客户的偿债能力确定合理的项目资本金比例，参考比例如表 6-17 所示。

表 6-17　项目资本金比例参考数值

项目类型	资本金比例
农业项目	不得低于 35%
交通运输、煤炭、科技成果产业化项目	不得低于 40%
城市基础设施项目	不得低于 60%
钢铁、邮电、化肥项目	不得低于 30%
电力、电网、有色、化工、建材及其他制造类项目	不得低于 25%

（2）对客户提供的资金筹措方案进行分析，确定是否合理。分析表式如表 6-18 所示。

表 6-18　项目资金筹措方案评价表

序号	项目名称	总投资	资本金			银行贷款			资本金比例	说明
			来源一	来源二	合计	银行一贷款	银行二贷款	合计		
		合计								

（3）根据各项资金来源分析落实的可靠性。中央及地方预算内专项资金应有国家计委下达的投资计划；中央部委出资应有正式有效文件并对其可靠性进行分析；地方政府出资应有政府或财政承诺，还应

根据近几年其资金的来源与运用情况分析可靠性，特别注意分析其承诺的其他项目资本金到位情况；行政事业收费应提供有权部门的收费批文，判断其合法性及收费期限，测算收费额度并分析可靠性，如已征收，要分析征收的实际情况，测算实收率；外资应有有权部门的批准文件；其他银行贷款应有银行书面的意向承诺；企业出资应分析企业财务状况及出资的可靠性，其中：以货币方式出资的，应根据出资人近 3 年的生产经营和财务状况，分析其资金来源与运用的平衡情况及落实程度；以实物、工业产权、非专利技术、土地使用权等方式出资的，应分析是否列入项目总投资、其所有权是否归出资人所有、估价是否合理、投资比例是否符合国家规定等；通过发行股票或债券筹资的，应要求其提供国家有权部门批复文件及年度审批计划。

3. 资产、成本、收入、税金及利润评价

（1）资产项评价。对于资产项，主要是评价其原值的确定方法是否符合财政部的规定。

按照规定，固定资产原值的确定原则如下：购入的固定资产按照购买价加上支付的运输费、保险费、包装费、安装成本费和缴纳的税金确定；自行建造的固定资产按照建造过程中发生的全部实际支出确定；投资者购入的固定资产按照资产评估确认或合同协议确定的价值确定；融资租入的固定资产按照租赁合同确定的价格加上运输费、保险费、安装调试费等确定。企业购建固定资产所缴纳的投资方向调节税、耕地占用税、进口设备增值税和关税及建设期贷款利息、汇兑损失等，也应计入相应的固定资产价值。

土地使用权、专利权、商标权、商誉等无形资产的确定可比照固定资产的确定方法进行。

开办费、以经营租赁租入的固定资产改良支出等不能计入当期损益的递延资产按实际发生值计算。

对于固定资产折旧情况进行评价时，应先对固定资产进行分类，再根据财政部公布的折旧年限和残值率，采取平均年限法计算折旧。计算公式为：固定资产年折旧率 ＝ （1 － 预计的净残值率） ×100% ÷

折旧年限；固定资产折旧额＝固定资产原值×年折旧率。预计净残值率一般取 3%～5%。对有些行业，财政部允许采用双倍余额递减法或年数总和法进行快速折旧。对于无形资产和递延资产，应根据其原值采用平均年限法分期摊销。无形资产规定有效期限的，按规定期限平均摊销；没有规定使用期限的，按预计使用期限或者不少于 10 年的期限平均摊销。开办费在项目投产后按不短于 5 年的期限平均摊销。

（2）成本项评价。包括成本计算是否合规合理，是否按有关规定核算项目生产经营各项成本，各项成本取值是否有理有据。外购的投入物按照购买价加应由企业负担的运杂费、装卸费、保险费、途中合理损耗、缴纳的税金等确定成本。自制的投入物按照制造过程中实际发生的支出确定成本。

（3）销售收入评价。主要是审查产量和单价的取值是否合理。项目的实际产量一般会低于设计生产能力，可按项目的实际情况估算投产初期各年的达产率（一般应低于 100%）。至于产品价格应参照国内外同类或类似产品的价格来确定。

（4）税金评价。主要包括项目所设计的税种是否都已计算，计算公式是否正确，所采用的税率是否符合规定。一般而言，与项目评估有关的税种有投资方向调节税、设备进口环节缴纳的增值税和关税、土地使用税、房产税、车船牌照使用税、增值税、消费税、营业税、资源税、城市维护建设税、土地增值税、企业所得税等。

（5）利润评价。主要包括利润的计算公式是否正确，计算利润时销售收入、销售税金、销售成本在增值税方面的计算口径是否一致，税后利润的分配顺序是否正确等。

4. 项目现金流评价

项目的现金流分析是指根据项目在计算期（包括建设期和经营期）内各年的现金流入与流出，通过编制的现金流量表计算各项静态和动态评价指标，用于反映项目的盈利能力和还款能力。与企业的现金流量分析主要是根据已知数据编制现金流量表进行分析不同，项目的现金流分析主要是根据预测的数据来编制现金流量表进行分析。在编制项目的现金流量表时，折旧费支出、无形资产与递延资产摊销都不能作为现金流出，全部投资都作为自有资金处理。项目现金流的分析指标主要有投资回收期（静态、动态）、净现值、净现值率、内部收益率等。

5. 财务效益评价

（1）盈利能力评价。盈利能力评价主要是在编制损益表及现金流量表（财务状况预计表，其表样，略）的基础上测算项目的财务内部收益率、财务净现值和投资回收期，并分析项目的盈利能力对贷款偿还的保障程度。

财务内部收益率是指项目在计算期内各年净现金流量现值累计等于零时的折现率。表达式为：

$$\sum (现金流入-现金流出)_t (1+财务内部收益率)^{-t}=0$$

财务内部收益率不得低于项目综合平均资金成本率，加工工业最低不得低于同期银行贷款利率。当计算出的财务内部收益率大于选定的对照标准（如行业平均收益率）时，表明项目是可以接受的。

财务净现值是指按规定的折现率，将项目计算期内各年的净现金流量折现到项目实施初年（基准年）的现值之和。表达式为：

$$财务净现值=\sum (现金流入-现金流出)_t (1+设定折现率)^{-t}$$

财务净现值不能小于零，因为如果该值小于零，就意味着项目的获利能力达不到设定的收益率水平。一般说来，该值大于零的项目是可以接受的。当投资额不等的项目进行比较时，可计算净现值率。计算公式为：

$$净现值率=财务净现值/总投资现值$$

净现值率越大，表明项目单位投资能获得的净现值就越大，项目的预期效益也就越好。

投资回收期也称返本年限，是指用项目净收益抵偿项目全部投资所需要的时间，用于评价项目财务投资回收能力的大小。表达式为：

$$\sum (现金流入量-现金流出量)_t=0$$

如根据财务现金流量表计算，则投资回收期的计算公式为：

投资回收期＝累计净现金流量开始出现正值年份数－1＋上年累计净现金流量绝对值/当年净现金流量

"当年净现金流量"中的"当年"是指累计净现金流量开始出现正值年份。如果计算出的投资回收期小于或等于行业基准投资回收期，则表明该项目能在规定的时间内收回投资。

除财务内部收益率、财务净现值和投资回收期指标外，平均项目盈利能力的指标还有投资利润率、投资利税率、资本金利润率等。其中，投资利润率是指项目达到设计能力后的一个正常年份的年利润总额与项目总投资的比率，它是评价项目单位投资盈利能力的静态指标；投资利税率是指项目达到设计能力后的一个正常年份的年利税总额（或项目生产期内平均利润总额）与项目总投资的比率，它是评价项目单位投资对国家积累的贡献水平是否达到行业平均水平的指标；资本金利润率是指项目达产后正常年份的利润总额（或项目生产期内平均利润总额）与资本金的比率，它是反映项目资本金盈利能力的指标。

（2）偿债能力评价。偿债能力评价主要是通过编制借款还本付息表，结合对盈利能力的评价，测算依靠项目自身效益的偿债覆盖率和借款偿还期。项目偿债覆盖率是将贷款期限、利率、宽限期、每年应还本金等项目贷款条件作为约束条件下，可还款资金与应还本金的比率，其计算公式是：

项目偿债覆盖率＝项目自身当年可用于偿还贷款的资金÷当年应偿还贷款本金×100%

其中，项目自身当年可用于偿还贷款的资金为当年折旧、摊销费、未分配资金及其他可用于还贷的资金之和。在贷款偿还期内，应分年测算偿债覆盖率，并以当年还款额占总还本付息额的比率为权重加权计算平均偿债覆盖率。偿债覆盖率一般不得低于130%，加工项目不得低于200%。借款偿还期是指在设定偿债覆盖率的条件下，从借款开始到全部贷款清偿完毕所需要的时间。计算公式为：

借款偿还期＝（借款偿还后开始出现盈余年份－开始借款年份）＋（当年应还本金/当年可用还款资金）

该指标的意义在于在还款方式和还款条件既定的情况下，项目能否在银行规定的时间内归还贷款。

二、项目价值评价的主要参数

表 6-19 项目总投资评价参数

基本预备费

项目类别	可研阶段	初设阶段
火电项目	10%	6%
水电项目	10% ~ 14%	6% ~ 10%
煤炭项目	13%	10%
石油、化肥、矿山项目	12%	8%
水利项目	10%	5% ~ 10%
机电轻工纺织项目	8%	5%
铁道项目	10%	5%
公路项目	9%	5%
港口项目	7%	5%
流通项目	5% ~ 6%	5%
城市基础设施项目	10%	5%
其他项目	8% ~ 12%	5% ~ 8%

价差预备费按 4% 计算；铺底流动资金按项目所需全部流动资金的 30% 计算；材料费及其他费用按项目所在地区或行业有关定额取费标准计算；利率采取项目申请银行服务时中国人民银行规定的利率。在利率放开管制的情况下，由银行与项目单位协商；汇率按当期汇率计算。

表 6-20 项目财务评价参数

以下行业按固定资产原值（不含建设期利息）计算：

项目类别	大修理费
火电项目	1% ~ 1.5%
水电水利项目	0.5% ~ 1%
煤炭项目	2.5% ~ 5%
机场项目	1% ~ 2%

续表

以下行业按固定资产原值（不含建设期利息）计算：

项目类别	大修理费
流通项目	1% ~ 1.5%
化肥项目	3% ~ 5%
其他项目	4% ~ 6%

以下行业按折旧费计算：

石油项目	50%
林业项目	20% ~ 40%
机电轻工纺织项目	30% ~ 50%

基准折现率按银行 5 年以上贷款利率加 2% 的风险系数折算；固定资产折旧及各项税费按国家有关规定计算；法定公积金按税后利润的 10% 计算；公益金按税后利润的 5% 计算；福利费按不大于工资总额的 14% 计算。计算期按不同行业区别对待：基础产业、基础设施一般为 20 ~ 25 年；加工工业一般为 10 ~ 15 年。还款资金中：折旧及摊销除有特殊情况外，一律按 100% 用于偿还贷款计算；可分配利润除公司章程另有规定或有其他协议按规定计算外，一律按 100% 用于偿还贷款计算；以土地出让收益偿还贷款的，其出让收益按最高不超过 50% 用于偿还贷款计算。

三、测算主要指标的未来数值

表 6-21　借款还本付息表

单位：万元

序号	类项	年	年	年	年	年
1	借款及还本付息					
1.1	年初借款本息累计					
1.2	本年借款					
1.3	本年应计利息					
1.4	本年偿还本金					

续表

序号	类项	年	年	年	年	年
	其中：偿还本行本金					
1.5	本年支付利息					
	其中：偿还本行利息					
2	偿还本息资金来源					
2.1	利润					
2.2	折旧费					
2.3	摊销费					
2.4	其他					

表 6 - 22　资产负债测算表

资金单位：万元

序号	类项	年	年	年	年	年
1	资产					
1.1	流动资产总额					
1.1.1	应收账款					
…	……					
2	负债及所有者权益					
…	……					

表 6 - 23　损益及利润分配测算表

资金单位：万元

序号	类项	年	年	年	年	年
	生产负荷（%）					
1	产品销售收入					
2	增值税及附加					
3	资源税					
4	总成本费用					
5	利润总额					
6	弥补以前年度亏损					
7	应纳税所得额					
8	所得税					
9	税后利润					

续表

序号	类项	年	年	年	年	年
10	特种基金					
11	可分配利润					
12	盈余公积金及公益金					
13	累计盈余公积金及公益金					
14	未分配利润					
15	累计未分配利润					

表6-24 现金流量测算表

资金单位：万元

序号	年份 / 类项	建设期		投产期		正常生产经营期		合计
		1	2	3	4	5	…	
	生产负荷（%）							
1	现金流入							
1.1	产品销售（营业）收入							
1.2	回收固定资产余值							
1.3	回收流动资金							
2	现金流出							
2.1	建设投资							
2.2	固定资产投资方向调节税							
2.3	流动资金							
2.4	经营成本							
2.5	销售税金及附加							
2.6	所得税							
3	净现金流量							
4	净现金流量累计							
5	净现金流量现值							
6	净现金流量现值累计							

四、项目价值的综合评价

在依据预设的评价参数按照项目价值评价内容的要求进行有关

测算的基础上，可以对项目本身做一个大致的评价。评价采取打分的方式进行，步骤同企业价值评价、行业评价、地区评价的步骤一样。

表 6-25 项目价值评价计分标准参考表

因素	选用指标	分 值					权重
		0	25	50	75	100	
项目概况	国家政策	政策限制	暂不支持	地方支持	国际支持	国家重点支持	5%
	技术成熟及规范程度	处于实验期，不成熟	初步产业化阶段	一般，示范线	较成熟，技术水平国内领先	成熟、规模生产，国际技术水平	5%
	工期进度	预计控制在150%以上	预计控制在120%以上	基本可以控制	可以控制在90%以内	可以控制在80%以内	4%
	外部建设条件	不落实	部分条件落实	主要条件落实	基本落实	全部落实	6%
资金筹措	总投资控制	可控制在可研投资130%以上	120%~130%	110%~120%	100%~110%	可控制在可研投资以内	5%
	资本金比例及落实	低于规定30%以上，不落实	低于规定15%以上，少部分落实	比例符合规定，基本落实	高于规定10%以上，基本落实	高于规定15%以上，完全落实	9%
	其他融资落实	不落实	少部分落实	主要部分落实	基本落实	完全落实	6%
产品市场（兵器等特殊项目可不考虑）	市场供求	严重过剩，缓慢增长	过剩，低速增长	一般，平均增长	不足，快速增长	严重不足，高速增长	12%
	产品竞争性	弱	较弱	一般	较强	强	8%
	产品周期性	衰退期	成熟晚期	成熟期	投入期	成长期	10%
财务效益	内部收益率	3%以下	3%~4%	4%~6%	6%~8%	8%以上	14%
	偿债覆盖率	100%以下	100%~110%	110%~120%	120%~130%	130%以上	16%

表 6 - 26   项目价值评价计分卡

指标	权重	取值	得分
一、项目概况	20%		
国家政策	5%		
技术成熟及规范程度	5%		
工期进度	4%		
外部建设条件	6%		
二、资金筹措	20%		
总投资控制	5%		
资本金比例及落实	9%		
其他融资落实	6%		
三、产品市场	30%		
市场供求	12%		
产品竞争性	8%		
产品周期性	10%		
四、财务效益	30%		
内部收益率	14%		
偿债覆盖率	16%		

经过以上对客户的全面分析与评价，客户经理心目中已经有了一个客户的基本轮廓和结论。客户是好还是不好，是重点支持还是一般支持或仅仅是关注等问题都有了一个初步的答案。但评价工作到此并未结束，客户经理还应撰写客户价值评价报告。

第七章
与客户建立合作关系

能与客户建立合作关系，是客户经理营销活动取得成功的重要标志，也是客户营销活动的重要阶段。在这一过程中，要围绕与客户建立合作关系这一核心工作，做好协议起草、商务谈判、产品提供等工作。

第一节　谈判前的准备工作

一、明确合作领域

对目标客户作出科学合理的价值评价后，如果此客户有可能发展成合作伙伴，则客户经理应进一步同其加强接触，在不断的接触中摸清客户的详细需求。在摸清客户的详细需求及客户有服务要求的情况下，客户经理应向客户提出双方能就哪些具体领域进行合作。

（一）确定合作领域的基本原则

1. 客户的规模大小

规模小的客户其需求往往比较单一，要么是贷款需求，要么是结算需求。但规模小的客户也为客户经理向其提供发展战略策划服务提供了契机。这种服务的要义在于发现客户是否具备成长价值，根据成长价值的大小决定能否帮助客户把规模做大。规模大的客户其需求往往比较综合，客户经理可向其推介包括信贷、结算、资本运作、顾问服务在内的一揽子服务。

2. 所属行业

以国内市场为主要服务对象的企业对国内结算、人民币存贷款的需求比较迫切，而外经外贸行业更需要银行提供外汇贷款、贸易融资、国际结算、外汇交易、风险管理等方面的产品与服务。

3. 客户特性

国有企业主要需要银行的常规性金融产品，上市公司更需要银行提供创新性金融产品。

4. 客户发展阶段

客户在不同的发展阶段，对银行产品的需求重点也不一样。在发展初期，对银行产品的需求主要集中在项目基本建设贷款、项目流动资金贷款、相关结算业务及投融资顾问方面；在发展期和成熟期，对银行产品的需求主要是项目贷款、技改贷款、结算服务、周转资金贷款、战略咨询、管理顾问、财务顾问等方面；在衰退期或死亡期，对传统银行产品的需求处于萎缩状态（此时贷款需求虽很迫切，但往往不会被满足），对资产重组、兼并收购等资本运作服务的需求日趋迫切。

5. 客户对本银行服务的急迫程度

银行先满足客户最紧迫的服务需求，解决了客户的燃眉之急，往往能使该客户成为银行的忠诚客户。当然，这种满足应建立在对风险和收益综合评价的基础之上。

6. 银行自身的服务品种及服务能力

考虑银行能提供哪些服务、每种产品的服务能力如何、与同业相比所处的竞争位置等因素，做到对客户的服务量体裁衣。

（二）需明确的若干问题

（1）要建立什么样的合作关系。是长期合作关系，还是短期或临时合作关系？

（2）从哪些方面进行合作。是全方位合作（即从开立基本账户到发展各种风险业务和非风险业务），还是单项合作（如存款或结算业务）？

（3）用什么方式进行合作。是让客户来银行办理业务还是利用计算机网络等技术手段将柜台前移至客户来主动提供服务？

（4）从什么时候开始合作？

二、向客户推介合作领域

客户经理应针对客户的具体情况和需求对金融产品和金融技术进行有机、有效的组合设计，并将这种组合以恰当的方式递交给客户，获得客户的认可。

（一）向客户提交合作领域时需注意的问题

1. 采取什么形式提交给客户

客户经理一般采取合作建议书或业务合作方案的形式将拟合作的

领域内容传递给客户。

2. 向什么人提交方案

客户经理要将合作建议书或业务合作方案提交给客户的最高决策层或管理班子。

3. 选择什么时机提交

要在双方经过实质性的接触之后，并且客户经理已经对客户进行了比较深入全面的调查之后一段时间内提交。时间适当推后再提交，意味着这是客户经理深思熟虑的结果。

（二）合作建议书的结构和内容

1. 名称

一般采取"向某公司提供的服务产品清单"或"与某公司合作建议书"等名称，客户经理应将该名称放于具体建议的顶部。

2. 缘起

从回顾双方的接触入手，对客户作出基本判断与评价，引出提此合作领域的必要性。

3. 银行基本情况介绍

介绍银行时，不应泛泛而谈，应主要侧重于产品与服务优势，写出银行的特色。

4. 详细介绍拟提供的金融产品和服务

对一家银行来讲，按成熟程度可将其产品分为标准化产品、创新产品和银行尚不能提供的产品和服务三种类型。

（1）标准化产品，即名称、式样、外形、色彩、识别标记等内容都经过标准化设计的金融产品。对于一些需求单一，或者对创新产品没有需求的客户，主要提供此类产品。标准化产品往往比较成熟，不存在缺陷和风险，也不存在太多的争议。

（2）创新产品，即满足客户独特需求的个性化金融产品，此类产品可以为客户提供额外的利益。创新产品设计往往需要产品部门、会计部门、风险控制部门、技术部门和营销部门协同完成。创新产品设计至少要完成的工作包括产品的管理办法、操作流程、会计核算办法、计算机系统和市场营销方案等。银行产品的创新可通过扩大现有产品的服务功能和服务范围、开发与竞争对手有差异但更有竞争优势的银行产品等途径来进行。但不管通过何种途径创新产生的产品，在推向市场前都必须进行标准化工作。作为创新产品，组合产品在银行新产品中占有重要的地位。组合产品是将标准化产品进行不同组合后得到的新产品。根据客户的不同需求在各种产品品目和产品线当中进行搭配就构成了组合产品。组合产品相对于全新产品来讲，推出的成本要低得多。

（3）银行尚不能提供的产品和服务。对于客户有需求，而银行目前又不能提供的产品，客户经理可采取外购和外协的方式，通过银行的外部战略合作机构来提供。但是这些外购和外协产品也是通过客户经理的设计和组织协调来进行运作的。

5. 展望合作前景

要突出阐述银行提供的金融产品和服务可以对客户持续发展起到什么样的推动作用并展望双方合作的良好前景。

（三）合作建议书范例

1. 合作建议书（一）

（1）提交背景。拟服务的公司为一家在深圳证券交易所挂牌的上市公司。该公司通过上市及配股募集到大量的资金，但苦于找不到合适的项目，大量资金得不到最佳使用，其发展也处于转折关头，本省内许多同类型企业纷纷发展起来，对其构成一定威胁。此时，客户经理捕捉到这一信息，通过调研分析与研究，并征求了行业专家及资本运营专家的意见，提出了如下合作建议书。

（2）合作建议书的内容，如专栏7-1所示。

专栏7-1

尊敬的_____公司：

　　过去一段时间我们与贵公司进行了友好的接触，我们非常愿意与贵公司建立全面性的战略合作关系，以实现彼此的共同发展。根据我们对贵公司的了解，我们拟订了以下合作内容，希望我们的服务能为贵公司带来更大的发展。对合作内容有何意见或更正之处，望告知。

一、战略顾问

战略顾问服务是指我行为企业确定长期发展战略、实现战略规划而向企业提供的中介性服务工作。我行可向贵公司提供的战略顾问服务主要包括：

（1）贵公司资本经营战略研究。

——贵公司从事资本经营的实践经验总结及已有成效评价

——资本市场发展、金融体制改革等带给贵公司的机遇

——贵公司资本运营的基本思路

——贵公司资本运营的目标及达到目标的策略选择

——贵公司资本运营的基本步骤

（2）贵公司资本经营核心产业链构造。

——贵公司核心优势的挖掘

——贵公司核心优势的技术经济评价

——贵公司核心优势的成长趋势分析

——在现有核心优势的基础上如何构造核心产业链：目标、思路及策略

（3）如何加快贵公司战略扩张，参与并推进行业重组、改造和发展。

——贵公司战略扩张的总体谋划及基本思路

——贵公司在战略扩张中怎样与行业重组实现有效对接

——战略扩张过程中贵公司内部资源的最佳配置

（4）贵公司发展道路评价及建议。

——贵公司成长道路的总结：经验与教训

——贵公司今后发展的对策性建议

二、财务顾问

财务顾问服务是指我行为企业长期投资、收购兼并、多元化经营

等活动而向企业提供的中介性金融服务。我行为贵公司提供的财务顾问服务主要包括：

（1）并购顾问：担当贵公司收购、兼并业务的金融顾问。

（2）项目筹融资顾问：贵公司有关并购项目或改扩建项目的一揽子筹融资方案设计。

——如何选择筹融资工具

——筹融资总体方案的设计及方案的可行性论证

——协助贵公司组织实施

（3）配股的财务顾问：会同企业与券商分工协作，共同做好今后贵公司的配股工作。

——配合企业选择券商

——配股方案的评价与论证

——对配股进行有效宣传

——其他相关的专业化服务

（4）为贵公司设计财务与风险控制系统。

——贵公司发展过程中的风险点识别

——如何选择风险防范工具

——风险防范的具体举措

——贵公司风险防范系统的改进

（5）投资项目评估：在贵公司进行长期投资、收购兼并、多元化经营等活动时，我行可提供投资项目评估服务。

——投资项目的可行性分析

——投资方案论证

——为项目投资提供可操作性建议

三、本、外币经常项目下的结算服务

（1）国内结算服务。

（2）现金结算服务。

（3）结售汇与代客外汇买卖。

（4）国际结算服务，包括汇出汇入款项、进口与出口托收、对外开立进口信用证、来证通知、旅行支票服务等。

四、杠杆融资、过桥贷款

贵公司在配股或其他资本运营活动中如出现暂时性资金短缺，我行可在分析论证的基础上为贵公司提供周转性贷款，或充分利用自身掌握的金融工具为贵公司提供资金融通服务。在向上市企业提供杠杆融资及过桥贷款方面，我行积累了较为成熟的经验。

五、综合授信服务

我行向贵公司提供的综合授信服务是指信贷资金及可为企业利用的其他信用服务，主要包括：

（1）我行信用保证服务：担保服务、见索即付保函服务、信用证服务、我行承兑汇票服务等。

（2）短期贷款：周转贷款、临时贷款、票据贴现、出口押汇等。

（3）中长期贷款：建设项目贷款、投资项目贷款等。

银行部门名称及签章

年　　　月　　　日

2. 合作建议书（二）

（1）提交背景。拟服务的公司为一家股份公司，发展速度很快，在业界有一定影响。银行在向其提供结算等传统银行服务的过程中，发现公司管理层对公司今后的发展思路不是很清晰。为了不错过一个发展潜力大的好客户，客户经理认为银行应该同该公司加强在纵深两方面的合作，故向该公司提交了合作建议书。

（2）合作建议书的主要内容，如专栏7-2所示。

专栏 7-2

尊敬的＿＿＿＿＿公司：

自 1999 年年底至今，我行与贵公司建立了良好的合作关系。我行为贵公司以及下属公司提供了累计 2 亿元的短期和中长期贷款。在业务开展中，我们双方形成了非常融洽、相互理解、相互信任的合作关系，为进一步加深合作创造了有利条件。

（以上主要是对过去的合作进行回顾）

通过前一阶段的合作，我们认识到贵公司在通信产品方面拥有先进的技术、大量的人才、丰富的经验和完善的销售渠道，其他产品也具有很高的知名度和市场占有率。贵公司围绕主营业务与世界一流企业建立了一系列技术先进、成长性好和运作规范的合资公司，在资本运作和企业经营管理方面积累了丰富的经验，为主营利润的提高和今后的资本运作提供了广阔空间。同时贵公司经营业绩较好，股本适中，有较好的股本扩张能力和良好的筹融资能力。

（以上主要是挖掘客户的价值）

基于这种基本判断，我们认为贵公司符合我行核心客户的要求，但目前我们对贵公司的金融服务仍然停留在一般客户的层次上，我们希望把与贵公司已有的良好合作关系进一步推向深入，通过建立一种长期战略合作关系，充分发挥双方的优势资源，通过稳健的生产经营和资本经营手段，使贵公司发展成为具有高技术含量、产品先进、高成长性的一流上市公司，以优良的业绩为股东提供长期持续增长的回报，树立良好的公司形象和市场形象。

（以上主要提出合作的目标）

我们对贵公司的现状和未来发展进行初步判断后认为，贵公司要达到这种发展战略目标，仍面临一些障碍。从短期来看，贵公司目前面临一些现实竞争压力，手机产品市场竞争激烈，价格存在下滑趋势，利润增长难以跟上股本扩张速度。从长远来看，贵公司还需进一步巩固和发展主业和进行适度的多元化经营，以获得较强的盈利能力和分散主业风险。对此，我们感到可以采取的对策有：

1. 通过增加新的投资，扩大主营产品的生产规模，降低成本，提高产品市场竞争力和市场占有份额。

2. 进一步加强营销网络建设，加大新产品营销力度。

3. 通过产品链的延伸扩张，降低成本，增加产品附加值。

4. 通过资本经营寻找和确立新的业务增长点，获得更加持续稳定的利润增长。

（以上主要向客户提出发展建议）

以上对策均需有清晰合理的发展战略、及时足量的资金支持和高超的生产经营管理和资本经营技术的支撑。这些单靠企业单方面的资源和力量是难以达到的，如能获得一家专业银行的资源配合，将会在质上和量上均取得一个飞跃。

同时，随着银行业竞争激烈程度的加剧，我们也逐渐感到需要培育一批长期稳定的优质客户群，促进银企共同长远发展。为此我们明确提出以市场为导向、以核心客户为中心、全面为企业配置资金、资本和银行专业顾问服务的战略定位。根据这种战略构想，从1996年底开始，我行逐步转换和调整经营思路，先后与国内一些著名企业建立了长期战略合作关系，利用自身资金、网络、人才等方面的优势，有力地推动了这些企业的发展，在为企业配置生产经营过程中所需资本和资金以及提供资本运作方面的专业顾问服务等方面积累了丰富经验。通过数年的努力，我们在这方面确立了牢固的市场品牌和地位，这是我们对与贵公司今后成功合作拥有足够信心的根本保障。

（以上主要介绍银行的优势）

根据对贵公司的了解，我们初步设想为贵公司提供以下特别定制的服务：

1. 综合授信项下的资金支持。对贵公司日常的生产经营活动和有价值的投资项目予以及时足量的资金支持，包括为满足日常生产经营活动提供融资便利（常规的公开授信额度）以及项目投资和资本运作方面所需的融资安排（专项备用授信额度），适时把握商机，赢得市场竞争的效率。

2. 长期战略咨询。与贵公司一同制订解决目前面临困难及未来长远发展所需的战略方案，总体部署及阶段性行动步骤。

3. 专业金融顾问。利用我行在财务顾问和资产重组实践方面所积累的丰富经验，在企业的兼并收购、资产置换等资本经营活动中，发挥专业金融顾问的作用，并进行最合理的资金安排，为贵公司的投资项目的选择、评估和筹融资方案设计等方面提供全面的专业服务；连续不断地搜索和发现符合贵公司发展战略目标的优质资产，实现资产购买和股权收购，促使贵公司资本低成本快速扩张，并同时保持满意的盈利能力。

（以上主要介绍银行的产品方案，为本合作建议书的核心内容）

收到我行的建议书后，敬请贵公司慎重考虑这种合作的内容和方式，并敬请给予正式回函。

（结语）

三、搞好拟推介产品的定价与综合收益测算工作

在大致确定了拟提供的产品和服务之后，客户经理就要考虑每种产品和服务的价格，并依据确定的价格范围进行各项业务的收益测算，最后得出为客户提供银行服务能够为银行带来的综合业务收益，以此确定银行服务该客户是否能够获得经济上的收益。

（1）银行产品和服务的价格既包括一项产品的利率水平，也包括一项服务的收费水平。利率按照中国人民银行规定的上下限来确定；费率的确定则应考虑如下因素：

①尽可能实现较高的销售目标及利润。费率定得过高，客户可能无法接受；费率定得过低，银行就没有收益。客户经理应该把费率定

得适当高一些，这样既可体现银行服务的高层次，又满足了客户希望获得高质量服务的心理。

②能够符合银行客户的承受能力。如果客户正处于发展阶段，费用支出控制过严，客户经理应从长远着眼，费率可定得适当低一点。如果客户财大气粗，根本不在乎顾问服务支出，客户经理就可将费率定得适当高一些。

③要考虑市场需求与同业竞争因素。客户对银行服务的需求如果比较急迫，客户经理就可根据市场原则把价格定得高一些。当然如果同业给予了较低的价格，客户经理也应把价格定得低一些，以使自己银行的产品富有竞争力。

④与其他营销策略共同使用。价格并不是能否赢得客户的唯一因素，产品的质量、服务的方式都可能影响到客户对银行的感受。客户经理应该把适当的价格、高质量的服务等要素一揽子提供给客户。只有这样，才能获得客户的高度认可。

⑤所提供产品自动化的程度，以及提供产品的成本和费用。所提供产品如果科技含量高，就理应将价格定得高一些，但也必须考虑开发此产品所投入的各项成本，使产品的收益维持在一个合理的水平上。

⑥银行希望达到的形象和专营程度。如果银行推出的产品和服务是其他银行所无法提供的，客户经理就可采取心理定价策略，以造就自己银行高品质的市场形象。较高的定价，也可暂时起到抬高门槛、阻止竞争者进入的作用。

⑦产品的生命周期。如在饱和阶段，就不能定得太高。在此阶段，工作重点是如何扩大销售量。

（2）进行具体的收益测算。在确定了各个产品和服务的价格之后，客户经理就可以进行收益的具体测算了。客户经理测算的收益往往是一种虚拟的收益，在这种情况下，客户经理必须以全行的平均资金成本和平均资金收益率来作为计算收益的参照。基本的测算思路就是预计收益减去预计成本。

四、设计作业方案

如果客户对客户经理提交的服务清单有异议，客户经理则需与其作进一步的沟通，直至没有异议。当没有异议时，客户经理需根据客户的不同需求着手设计不同的作业方案。在作业方案中，应该特别注重对作业风险防范和作业流程的设计。方案是客户经理向客户提供服务的总的纲领，必须做细、做深、做透。此方案经领导或上一级客户经理审核同意后，客户经理就应该严格执行。

客户的单项需求一般较易满足，一个客户经理就能胜任。客户的综合性服务需求则较复杂，需成立由多个客户经理参加的专门的作业小组。在小组内部，应做好分工工作。

（一）作业方案的构成要素

（1）基本情况介绍，包括客户名称、性质、主营业务、市场与财务状况、经营管理情况等。

（2）做此项目的成本收益分析，即为什么要做这个项目。

（3）做此项目的主要风险及风险控制措施。

（4）费用的收取标准及使用。

（5）如果不成立项目作业小组，接下来就是项目进程安排与需要的外部支持；如果成立项目作业小组，接下来就应包括项目小组的人员组成及管理、项目小组的工作原则、项目小组的工作分工、项目小组的工作进程安排等内容。

（二）作业方案示例

本示例所介绍的项目比较复杂，需要成立一个作业小组来进行工作。下面所示作业方案正文前面的抬头是为便于领导提修改意见而设计的。

表7-1　××××作业方案

| 部门对此方案的意见： | 同意□　不同意□　基本同意但有建议□ |
| 行长对此方案的意见： | 同意□　不同意□　基本同意但有建议□ |

部门对此方案的修改建议：

行领导对此方案的修改建议：

专栏 7-3

黄河建材集团金融服务作业方案

一、项目简介

位于辽宁省的黄河建材集团联合其控股上市公司深圳建材股份有限公司（简称建材股份）全面收购中大公司所持某水泥公司90%的股份。我行拟向其发放过桥贷款3亿元人民币，期限为1年，借款人为建材股份，担保人为黄河建材集团公司，还款来源为建材股份配股资金。同时，我行担任本次收购和今后集团资本运作的财务顾问。

二、总体策划

1. 成立作业小组，全面负责此项目的运作

作业小组由总行公司业务部门、深圳分行、沈阳分行和外聘机构、专家组成，总行相关部门配合。

2. 作业小组成员的职责分工

（1）总行公司业务部门：项目牵头人，总体方案设计和策划，总体组织、协调和管理，总体风险控制，负责保持总行、沈阳分行、

深圳分行之间的充分沟通和高度统一。如遇重大情况随时向行领导汇报。保密工作，负责项目档案（信贷档案由分行负责但总行需备份）。

（2）深圳分行：建材股份的账户开设，与券商的联络，起草法律文本，担当配股收款行，办好信贷手续。抽2~3名骨干参加作业小组。对建材股份全面把握，专项情况每月汇报一次，如遇重大事项随时汇报。

（3）沈阳分行：黄河建材集团的账户开设、吸存工作，与地方政府有关部门的沟通，对黄河建材集团的监控。要求：搞好与黄河建材集团的关系；监测黄河建材集团的生产经营情况；收集集团公司的重大信息和举动。

（4）总行相关部门：计划资金部负责核拨资金、项目单独考核，法规部门对法律文本最后把关。

（5）外聘建材规划院、发展研究中心、会计师事务所、律师事务所、投资顾问有限公司等单位参与项目作业。

3. 作业小组的工作原则

为确保项目运作成功，作业小组将坚持以下工作原则：

（1）合规合法理性经营。

（2）严格控制信贷风险。

（3）银行整体利益最大化。

（4）作业小组严格管理、规范运作。

（5）总分行、行内外联合运作。

（6）每周定期沟通一次。

（7）在项目运作过程中，要强调团队精神的培养，注意加强行内外作业人员的相互配合。

（8）要保证有关项目作业档案的完整，做到有备可查。

（9）要加强风险锁定工作，特别是要学会通过法律协议的方式锁定风险。

（10）要学会利用外力为我服务。

（11）项目作业与人才培养相结合。

三、收益成本分析

通过此项目运作，深圳分行可作为建材股份的主办行，可以成为配股资金的收款行；沈阳分行可以得到黄河建材集团及其关联企业在沈阳的结算业务，并吸收与此次收购有关的存款1亿元以上。此外，我行一旦承诺放款，还可按照惯例和人总行规定收取承诺费。可见，我行可取得如下收益：贷款利差、存款收益、结算手续费、顾问费（含专项财务顾问费）等。为获此收益，我行需向企业提供3亿元过桥贷款，并向企业出具具有专业水准的顾问报告。

此项目的意义在于：

（1）这个项目是我行传统业务和创新业务相结合，向企业提供全面金融服务的一次有益尝试。

（2）与大型企业集团联合开拓资本市场，有利于分享资本市场上的收益，有利于将企业集团和上市公司等国企中坚培育成自己的基本客户或重点客户。

（3）拓展了我行的业务空间，通过这次作业，我行不仅向企业提供了传统的信贷服务和结算服务，还向企业提供了由信贷业务而派生出来的财务顾问服务，为我行创造了追加收益。

四、费用收取及分配

贷款利率按中国人民银行规定收取。顾问费按实际到位的收购资金的1.5%收取。经商，顾问费的内部分配为深圳分行70%，沈阳分行30%。顾问费的支用范围为：正常的顾问活动费用支出、外聘机构和专家费用。

五、项目风险点揭示及防范举措

（1）配股风险：配股能否成功及配股资金能否及时到位关系到我行信贷资金的安全。作业小组认为，配股失败的可能性几乎没有，不能确定的只是配股价格的高低、配股比例的大小及配股时间的早晚。对策是积极参与企业配股工作，监测企业配股进程。

（2）信贷风险：借款人建材股份的现金流量正常、财务及偿债能力良好，信贷风险较小。

（3）政府行为风险：政府干预企业的行为可能造成企业并购活动的失败。对策是通过适当渠道向地方政府提出建议。

（4）我行控制能力风险：对策是沈阳分行加强对企业的监控，定期拜会企业，谋求地方政府对此项目的支持。

六、作业日程安排

工作采取倒计时安排。

法律文本起草：深圳分行×月×日前起草完毕后交总行法规部门审核。

其他基础工作：深圳分行×月×日前做好配股收款行的技术准备工作。

信贷业务日程安排：深圳分行确保×月×日前信贷资金到位。资金到位后负责监控资金的使用，并负责贷款回收工作。

顾问服务日程安排：

（1）×月×日前同外聘机构及专家签署委托协议。

（2）×月×日前外聘机构及专家提交被委托事项的服务报告。

（3）×月×日前编撰完黄河建材集团顾问服务报告，提交给企业。

（三）作业方案的讨论与修订

客户经理起草完作业方案后，还需向相关部门征询意见，并在此基础上对方案作进一步的完善。

1. 营销部门内部讨论和统一

客户经理设计的作业方案必须经过一个讨论和统一的过程，这种讨论一般都是在营销部门内部进行。如果是一般性客户，方案本身又不是十分复杂，那么这种讨论一般是在几个客户经理的参与下进行就可以了。如果是一个价值比较大，或者是方案本身比较复杂的客户，这种讨论就要在部门内组织讨论，有时候可能还要邀请其他部门的一些人员参加。讨论的目的是论证客户经理设计的方案。参与讨论的人提出各自的修改和补充意见，客户经理在综合大家意见的基础上对方案进行进一步的修改。

2. 与客户进行沟通，得到客户的认可

在银行营销部门内部取得一致意见后，客户经理还应把服务内容、进度安排、人员分工等内容及时和客户进行沟通，得到客户的认可。这种沟通可以是非正式的口头形式，也可以是比较正式的打印件或传真稿，在书面材料上必须注明是征求意见用，以免引起客户的误会。

3. 提交银行风险控制部门审查

经过内部讨论及与客户沟通之后修改的方案就可以正式提交银行的风险控制部门了。如果在方案当中涉及对客户进行授信的业务，还要提交整套的授信审批申请材料。提交的材料中还应包括下面即将介绍起草的法律文本，当然在提交上述材料之前就应和有关风险控制部门、产品部门进行沟通，以免到时候这些部门还不知道是怎么回事。

第二节　与客户进行商务谈判

在客户营销过程中，客户经理往往需要同客户就产品品种、产品价格、附加利益等事项进行谈判。只有通过谈判就上述事项达成一致意见后，双方才能以协议形式把合作内容固定下来。

一、为谈判做准备

有些客户经理并没有完全认识到多花时间和力气对谈判进行充分准备工作的价值，他们认为准备工作是一项单调乏味的工作。其实，准备工作对谈判来讲至关重要，有备则成，无备则败。即使谈判经验再丰富的老手，也应该郑重其事地牺牲一定的时间来进行谈判前的准备工作。准备内容包括：

（1）制定谈判目标。谈判的目标不应过于抽象，应尽可能用数量表示，要尽可能避免模棱两可。目标的制定应坚持挑战性及可及性原则。

（2）收集关于客户的第一手资料并进行研究，做到知己知彼。

（3）回忆上一次谈判的情况，记住不要再犯上次已经犯过的错误。

（4）解决价格难题，确定银行能接受的最低价格标准。最低价格标准是客户经理同客户进行谈判的底线。客户经理可通过咨询信贷部门、计划资金部门及查阅相关规章来确定服务价格。

（5）确定谈判人选，明确首席代表和一般代表，审核嘉宾名单，并安排好己方的记录人员。有时候客户经理可独自与客户进行谈判，有时候则需邀请一些嘉宾共同与客户进行谈判。在确定嘉宾名单时，可注意如下事项：不必要的人士不必邀请；女性主帅比男性主帅更易得到谈判对手的包容。在某些情况下，客户经理还可以选择谈判对手。

（6）列出谈判内容清单，安排谈判议程。能制定谈判议程，表明客户经理已经占据了谈判的优势，这是因为客户经理已经掌握了谈判内容的主动权。在安排谈判议程时，客户经理应注意：制定书面的而非口头的谈判议程；删去你想谈、想知道但摸不清底细的内容；删去你不想讨论或还没有准备的话题；按谈判顺序列出拟谈判的具体内容；多印几份谈判议程，除参会者人手一份外，还应为那些想参加谈判但不能参加或不准备参加谈判的人士准备几份。

（7）了解谈判对手，包括谈判对手的性别、职务、资历、权限、性格、特长、偏好等。

（8）安排谈判场所。有时在客户经理自家地盘上谈判，这样客户经理可占有一定的心理优势；有时客户经理需到客户安排的地点进行谈判。无论在哪个地方谈判，客户经理都应注意座位位次的安排。客户经理应注意以下几点：尽量坐在能迅速进行私下请教的人身旁；坐在对方主谈判手对面；不要坐在靠窗或靠门的位置，避免阳关照射使人耀眼和烦躁；坐在能使对手听清楚的位置上。

（9）制定谈判方案，拟定谈判议程，做好文字、财务、安全、保密、接待、服务等方面的准备工作。在正式谈判前，进行模拟谈判。

（10）为了达到最佳谈判状态，客户经理要休息好。

（11）在出发前，要注意穿衣打扮。谈判一般要着正装。

（12）无论多么疲惫、多么心烦、多么沮丧，只要一迈进谈判大厅，客户经理就应提起精神，显示出朝气蓬勃和自信的样子。

（13）在开始谈判前，要去一趟洗手间，整理一下仪容，并对镜子进行微笑练习。

（14）在准备与外国人谈判时，注意研究其所在国的文化习俗，确保说起话来符合其习惯、偏好。有时，为使双方能无障碍地进行交流，还需雇用专业翻译。翻译有同声翻译和迟滞翻译两种。客户经理最好雇用同声翻译，这样会使客户对您刮目相看。此外，还需注意：在谈判开始之前，要留出一定的时间与对手做简单的交流、问候；注意译员比你更需要休息；不要嘲笑译员的言辞；不用土语方言；说短话，用简单词汇。

二、谈判的基本过程

1. 导入阶段

谈判伊始，要力争创造合适的谈判氛围，使谈判双方在幽雅的环境和友好的气氛中相互介绍，彼此相识。此阶段时间不宜过长。

2. 概说阶段

各自介绍谈判意图和目标，确定谈判的议题、日程、时间。这一阶段属于投石问路阶段，不宜将自己的真实意图全盘托出。应倾听对方的发言，从中找出差距所在。

3. 明示阶段

各方就分歧问题表明立场与态度。此时，谈判进入实质性问题阶段。各方应及早确认自己可能获得的利益、让步的范围、条件等，并判断对方的所求、底线。

4. 交锋阶段

各方据理力争，处于对立和竞争状态。这是谈判最紧张、困难和关键的阶段。应本着合作的精神，摆事实，讲道理，发挥谈判技巧与能力，坚定信心，尽量说服对方。

5. 妥协阶段

本着真诚求实、求同存异、依法办事的精神，根据自己的谈判目标，在基本利益需求得到满足的情况下，寻求达成协议的途径，使得谈判得以继续进行。

6. 协议阶段

各方达成共识、握手言和。在达成一致意见或协议签署后，谈判即告结束。

三、谈判过程中的注意事项

拜访客户过程中的倾听、提问、拒绝等技巧在谈判过程中同样适用，但谈判毕竟不同于一般的洽谈，因此还有一些事项需要特别注意。

（1）使用"暂停"策略。当出现以下情况时，客户经理应要求谈判暂停：客户经理准备让步或谈判对手胁迫客户经理让步以及客户经理感到心烦意乱的时候；谈判时间过长而没有实质性进展，谈判人员已精疲力竭；谈判进入交锋阶段，面临破裂的可能性；对方出其不意，提出一个新的方案，使己方措手不及；谈判各方分歧意见较大，一时难以磋商；到达吃饭或休息时间。途径有："我可以去趟盥洗间吗"、"我需要和领导商量一下"、"等等，我得考虑考虑"等。

（2）使用"让步"策略。运用此策略需把握如下原则：不要做无谓的让步，力争每次让步都能得到恰当的回报；让步要恰到好处，在对方的让步已经明朗化的情况下己方也应让步；不要做同幅度、对等的让步；在重要问题上力求对方先让步；让步速度不宜过快，要"三思而后行"；避免追溯性让步。

（3）使用"出其不意"策略。通过出其不意地提出某种方案，以测试对方反应，探测对方谈判底线。但不能盲目使用该策略，以免使谈判陷入僵局。

（4）表现出激情与热心。客户经理应克服一切畏惧和气馁情绪，应坚定而自信地进行谈判；坚决不要因为取得了一些小胜利就溢于言表，或遇到一点小挫折就灰心丧气。

清楚地表达自己的意思，恰当地控制谈判局面。

（5）通过营造和谐融洽的谈判氛围、从客观上描述问题的轮廓、引用可利用的资料等方法可使表达变得更为流畅；尽量使用短句、简单的词，避免使用学术用语，句子要完整、精确；每段话应紧扣一个中心；整个谈话要有开头、发展和结束语。

（6）在谈判过程中不该说的话坚决不说。有些话在谈判中千万不能说，以免引起对方误解或造成不良印象，比如"相信我"、"我会对你以诚相待"、"愿不愿意随你"、"我对此不太有把握"、"我有点想……"、"我们大概确实应该……"、"你大概需要……"、"看起来的确是个不错的想法"以及任何诋毁对方或第三方的话。应尽量避免出现不得不向对方道歉的局面，也不要过分地谦虚，在谈判过程中要控制好自己的情绪，不应宣泄个人情感。

（7）在心理上坚持能够成功，平时多看一些有助于谈判成功的书籍，并在日常生活中多做练习。

（8）当对方难以听懂你的话时，你可试着放低声音、减慢语速、利用手势、要有耐心。

（9）控制情绪，学会忍耐，以缓制急、以静制动，保持冷静，审时度势，不要过早地同意谈判条件，要使客户确信他占了很大的便宜。

（10）在达成交易时不要得意忘形，不要流露出轻松的表情，不要放松对客户的戒心。

（11）避免犯一些谈判中常犯的错误，比如：没进行充分准备就仓促上阵；不接受合适的建议，钻牛角尖；谈判时感到力不从心，害怕失去对谈判的控制；游离了谈判目标而不知觉；总是苛求完美的表达；为别人的失误而自责等。

（12）在谈判中，寻找适当的时机注入个人情感，注意情感的表露。

（13）不要让谈判陷入僵局。当陷入僵局时，可以先谈一些次要问题，通过转移客户的注意力来促使客户对主要问题的关注。

（14）谈判过程中如果对方咄咄逼人，客户经理可采取以柔克刚策略，以静制动，以逸待劳，挫其锐气。

（15）善于采取迂回战术，但要坚持自己的立场，不能在对方的强烈攻击下有所动摇。

（16）在谈判过程中始终保持轻松、自信、友好的微笑。

（17）恰当利用"缺席"策略，有意安排一位领导人物缺席，以使己方能在谈判中有回旋余地。但应用此策略，应注意把缺席安排得天衣无缝；把缺席位置安排在显眼的位置；安排的缺席人员不能超过2个；在处于不利时，要恰当地利用缺席。

（18）谈判即将结束之际，客户经理更应少安毋躁，还须审时度势，用自己的风度、诚意与智慧充满激情地追求自己的目标，切忌草草收场。达到双赢，才是谈判应当达到的目标。

（19）谈判结束后，如果双方都很满意，就应该庆祝一下。庆祝的方式视对方的需要而定。此外，谈判结束后，客户经理应该进行自我反省，总结出谈判成功的经验或失败的教训。

（20）排除谈判中遇到的障碍。

谈判过程中经常遇到障碍，客户经理应该会予以排除。排除方法有：暂时停止谈判，让脑子休息一下；检查谈判技能的运用情况；找出症结所在；站在对方的角度，考虑一下对方的建议。对那些不"友好"的人，客户经理也应采取策略予以应对。

①对付难缠的人的策略：

●不要驳斥对方的言论，相反要证实它们，通过不直接的反击使对方难堪。

●对那些含有事实成分但易使人受伤害的言辞，客户经理应予以接受，比如对方指责你粗心大意，你就应该表示歉意。

●对方言辞过激，客户经理可将大家的注意力引向他，使他暴露在众目睽睽之下。

②对付专横跋扈的人的策略：

●站在第三者的立场上陈述对发言人的意见要求。

●询问大家的反映，引导大家来反对他。

●以客观性的阐述参与争执，让众人知道道理在你这一边。

③对付说话不着边际的人的策略：

●牢记谈判的中心议题。当对方说的话已游离主题时，你应及时将话题拉回。

●重申时间限定的紧迫性，让对方明确不应该在无关问题上浪费太多的时间。

●向其他与会人员发问并将人们的注意力拉回正题。

④对付故意唱反调的人的策略：

●让他们将意见或想法说给大家听。

●停顿一下并直视唱反调的人。

●重申谈判主题的重要性与严肃性。

⑤对付爱争辩的人的策略：

• 事先向这种人打招呼，用解释的方法表示出你对他的话是如何理解的。

• 重申谈判已达成的一致，将讨论拉回正题。

第三节　协议文本的起草与签署

在设计作业方案的同时，客户经理应就合作的具体方式、费用的收取标准等情况同客户进行洽谈。洽谈应该本着互利、平等的原则进行。如果双方就洽谈达成了一致意见，则需用协议的方式确定下来。此时，应及时向客户发出签订协议的建议与要求。像贷款协议、理财协议等都有标准化的文本；对战略性协议或个性化产品服务协议则需要银行进行专门起草。一般而言，对有专项服务的客户来讲，需签订专项服务协议；对有综合性服务需求的客户来讲，还需要在总的合作协议项下签订一系列的专项合作协议。

一、协议文本的基本构成要素

一个完整的协议一般由下列要素构成：协议名称（标题）；协议签订者名称、地址和法人代表姓名；签订协议的出发点（依据和目的）；合作的基本内容；各方的权利与义务；经济责任和违约责任；争议的解决方法；协议的有效期限；协议的份数与保存；履约地点与方式；未尽事宜或附件条款；协议的签章、日期。

二、起草协议文本的注意事项

（1）语言要规范、准确、严谨、具体，违约责任中对各种可能出现的情况都要预料到。

（2）起草协议时应保持同客户的经常沟通，避免一方独揽，在内容设计上要体现公平互利和诚实守信原则，要遵循法令法规，既体现原则性又体现灵活性。

（3）如果对某些具体内容有异议，那么就先将共识写入协议，其余未达成共识的事项待协商一致后再补进协议。

（4）非银行总行标准格式的协议文本在签署前应经行内法律部门或专业人员进行法律性审查，并签署书面意见。报有权签字人签字并加盖公章后方可同客户签署。其他任何同客户签署的协议最好也要征求专业律师的法律意见。

（5）对协议进行认真审核，包括：

①合法性审核，即审核协议约定的事项是否为合法行为，有关手续是否完备。

②有效性审核，即审核双方代表是否有签署协议的权利，协议内容有无违法或前后矛盾之处。

③一致性审核，即审核协议与双方商谈的内容是否一致。

④文字性审核，切忌使用模棱两可的文字，重点审核关键语句、金额等。

（6）签约之前需注意保密，尤其是要对竞争者保密。

（7）起草完协议之后应尝试着回答：这个协议达到目标了吗？对方能不能认可这个协议？协议中所列的各项义务己方能不折不扣地执行吗？对方的履约能力能达到你的期望值吗？对方能真正执行协议中的有关条款吗？

（8）在总协议框架下有时尚需根据业务开展的具体需要起草专项协议，如结算服务协议、进行战略研究协议、聘请法律顾问协议、顾问服务协议、成立联合工作机构协议及其他专项产品服务协议。

三、协议文本示例

某客户对银行产品的需求是综合性的，且与某银行已有了一定的合作关系。双方均希望能将合作向纵深推进，因此客户经理起草了《战略合作协议书》及相关专项合作协议。

（一）战略合作协议书示例

专栏 7-4

××银行与××市人民政府战略合作框架协议

××市人民政府与××银行有着长期良好的合作关系。为进一步深化双方战略合作，本着"长期合作、共谋发展"的原则，××市人民政府（以下简称"甲方"）与××银行（以下简称"乙方"）在自愿、平等和诚信的基础上，经友好协商达成如下协议：

第一条 双方一致同意建立长期的战略合作关系。

甲、乙双方把对方视为重要的战略合作伙伴。

甲方愿意选择乙方作为经济金融领域的重要合作伙伴。乙方愿意将甲方作为战略重地，全力支持甲方各项事业发展。

第二条 乙方在国家法律、法规和金融政策及符合自身规定和政策的前提下，充分发挥自身的综合业务优势，优先、优惠为甲方及其下属企、事业单位和行政机关提供全方位的优质、高效和个性化的金融服务，包括但不限于：

（一）重大项目与工程的融资性金融服务

乙方对事关甲方社会经济发展的重大项目、重要工程提供信贷资金、债券发行等服务，协助甲方从国内外资本市场、资金市场、票据市场上融通资金。

在与甲方合作过程中，乙方根据××市发展状况和资金需求情况，在依法合规和双方协商的基础上，及时扩大资金支持力度，满足甲方重大项目与重要工程的建设及经营方面的资金需求。

（二）财务顾问服务

乙方集合系统内外力量，加强对××市地方经济与金融发展的研究，为××市经济与金融发展提供专业咨询建议。

乙方担任甲方及其下属政府机关的金融发展顾问，协助做好金融发展规划，并愿意协调系统内不同金融机构，与甲方属下金融企业结成合作伙伴，共同发展。

（三）中小企业和高科技企业发展

乙方为甲方所辖地区内的中小企业、高科技企业、节能环保和新能源企业提供信贷资金、公司理财、产品市场信息咨询、财务和理财顾问等服务。

（四）政府对外商务活动和企业海外发展

乙方充分发挥在海外的影响力，积极支持甲方在海外举办各种经贸活动。

乙方积极为××市企业实施"走出去"战略提供包括市场信息提供、业务商机介绍、产品出口融资、海外分支机构金融服务等在内的支持。

（五）财税代理

乙方积极发挥自己在服务政府财政业务过程中积累起来的丰富经验，协助甲方推进地方财政国库管理制度改革，并提供非税收入代收代缴、税收代理、财政支付、政府专项基金托管、国有企业职工养老金管理、公务员工资发放等服务。

（六）民生福利

乙方协调内部对私业务板块，为符合业务办理要求的个人客户提供包括理财、基金、保险、资本市场等业务在内的全线金融产品。

乙方加大对甲方文化产业、创意产业、风险创投和个人消费领域的支持力度，并针对××市的经济特点与民众习惯，设计并提供有针对性的各种金融新产品。

第三条 乙方积极推进在甲方所辖地区内的网点布局，完善服务网络。

第四条 甲方在符合国家法律、法规、政策和规章制度的前提下，为乙方在甲方所辖地区内的经济活动提供支持。

（一）积极向乙方提供重大工程和项目投资信息、企业境内外拟上市信息、大型企业的产业并购信息、社会经济发展规划信息以及各种政策信息。

（二）搭建与乙方进行深入合作的运作平台，积极向乙方推荐拟合作的项目和企业，为乙方在甲方所辖地区内扩大品牌影响和开展业务提供必要的支持。

第五条　甲、乙双方互相为对方提供便利。乙方在为甲方提供各项金融服务时，在法律法规和乙方规章制度允许的范围内，简化业务手续，优化操作流程，特事特办，实行差别化服务，建立"绿色通道"。甲方在乙方提供服务过程中，就涉及政府支持部分优先给予协调、审批、核准和推动等方面的支持。

第六条　双方建立高层定期磋商机制和日常联系沟通机制。

甲方成立由×××为组长的推进小组。×××、×××作为小组成员，具体负责推进与乙方的战略合作。

乙方成立由×××任组长的推进小组。×××、×××作为小组成员，具体负责推进与甲方的战略合作。

甲、乙双方建立高层互访磋商机制。在推进小组层面上定期召开沟通磋商会议，总结上一阶段的推进成果、研究推进工作中存在的问题并部署下一步合作的内容。

甲、乙双方内部定期召开沟通协商会议，并及时将会议情况以简报方式通报对方。

第七条　甲方指定×××作为本协议实施的承办部门和与乙方联络的牵头部门，全面负责并协调甲方及其下属单位与乙方及其分支机构在本协议项下各项合作内容的实施。

乙方指定×××作为各项具体服务的承办部门和与甲方联络的牵头部门，对甲方及其下属单位提出的与服务有关的问题及重大项目的各项金融服务统一牵头协调解决。

第八条　本协议为甲、乙双方战略合作的框架性协议，乙方为甲方具体提供服务时，乙方或其下属机构与甲方或其下属单位应签订具体协议，具体协议项下各方的权利、义务在遵循本协议的前提下，以具体协议的约定为准。

第九条 本战略合作协议经双方法定代表人（负责人）或其授权代理人共同签字并加盖双方公章后生效。在本协议执行期间，如果一方根据业务发展的情况，需要变更或解除本协议，应提前一个月通知对方，经双方协商一致后变更或解除。

第十条 本协议一式四份，双方各执两份。

甲方（公章）：　　　　　　　　乙方（公章）：

法定代表人　　　　　　　　　　法定代表人

（或授权代理人）签字：　　　　（或授权代理人）签字：

　　年　　月　　日　　　　　　　年　　月　　日

专栏 7 - 5

××银行河北省分行与星达公司战略合作协议书

　　××银行河北省分行与星达公司为谋求双方长期共同发展，本着平等自愿、互利诚信、相互支持、共同发展的原则，就××银行河北省分行与星达公司进行战略合作的有关事宜达成如下共识：

一、协议双方

（1）××银行河北省分行（以下简称"甲方"），为在××注册成立的独立法人——××银行在河北省的分支机构，业经××银行法定代表人专项授权，具有依法履行本协议项下义务的能力与责任。

（2）星达公司（以下简称"乙方"），为在石家庄市注册成立的独立法人，具有依法履行本协议项下义务的能力与责任。

（3）双方共同确认：本协议项下的各项条款已经经过双方的充分协商并且已经取得双方的同意，且双方代表已经获得双方法定代表人的全权授权，具有在本协议上签字的权利。

（4）双方授权代表一经在本协议上签字，本协议即对双方具有有效性和约束力。

二、双方合作的基础与内容

1. 合作基础

（1）双方的合作完全是在国家法律规定的范围内谋求共同发展，合作不针对任何特定的第三方。

（2）双方的战略合作是基于乙方对甲方所提供的全面金融服务之需要和甲方为乙方提供全面金融服务之可能。

（3）双方战略合作的条件是甲方对乙方企业发展目标及方式的认同和乙方对甲方所提供全面金融服务方式及能力的认同。

2. 合作内容

甲方为乙方提供的全面金融服务包括：

（1）综合授信项下的信贷服务。

（2）本、外币经常项目下的结算服务。

（3）顾问服务，包括：

①乙方及乙方所控制的公司在改善企业财务管理、计划资金管理及经营管理工作时，委托甲方牵头组织专门人才为乙方提供企业管理顾问服务。

②乙方及乙方所控制的公司在进行长期投资、收购兼并、多种经营等业务时，委托甲方牵头组织专门人才为乙方提供企业投资顾问服务。

③乙方及乙方所控制的公司在进行上市、配股等资本运作时，委托甲方组织专门人才为乙方提供企业重组、收购兼并以及上市、配股方面的顾问服务。为完成该顾问服务，乙方委托甲方代为寻找、洽谈、推荐、选择适当的证券承销商，完成上市、配股工作。

④为配合乙方发展，甲方向乙方提供融资顾问服务，包括但不限于为乙方在境内外资本市场和信贷市场上进行融资提供融资顾问服务。

⑤商业调查、营销诊断等咨询服务。

乙方对甲方所提供的全面金融服务的需求为：

（1）乙方在综合授信条件内的信贷资金需求，甲方应及时予以满足。

（2）乙方本、外币经常项目下的资金往来置于乙方在甲方开设的存款账户内结算，甲方为之提供及时准确和良好便捷的服务。

（3）乙方有改进企业财务管理、计划资金管理、经营管理等管理水平的要求，并希望甲方能提出高水平的建设性意见。

（4）乙方有进行长期投资、收购兼并、多种经营等不断发展的要求，并希望甲方能提供高水平的顾问服务。

3. 双方同意在本协议确认的原则下，就上述金融服务业务的具体操作另行签订协议。

三、合作的组织方式和交流方式

（1）双方同意，自本协议签约生效后 10 日内，甲方在乙方内部建立联合工作机构，协助乙方进行经营管理，保持双方日常联系。该联合机构的人员构成、权利范围、目标责任、工作方式及双方利益的保证等内容由双方另行签订协议加以确定。

（2）双方同意，自本协议签约生效后 15 日内，建立双方工作协调机制，并执行定期工作例会制度。

①定期工作例会的参加人员构成：

- 双方主要领导各 3 人。
- 各方聘请的专家及银行总行人员。
- 双方认为有必要参加的其他人员。

②定期工作例会的主要内容是：

- 听取甲方对乙方财务、市场、投资、管理等方面的咨询建议。
- 听取乙方关于企业今后一段时期的发展设想。
- 协商并确定采纳意见建议的方法。
- 总结与检查前一阶段的工作，并协调下一步执行本协议的有关事宜。

③每次例会的内容应在召开例会 3 日前，由联合工作机构将议题及有关资料提交双方。

④例会在本协议生效后每季度举行一次。但如双方认为有必要，经一方提议可随时举行。

⑤每次例会的结果应以会议纪要的形式由双方授权代表签字予以确认，会议纪要的内容对双方均具有约束力。

（3）双方同意，自本协议签约生效后建立双方主要领导间的不定期交流磋商制度，以协调双方的合作关系及临时出现的问题。

（4）为保证甲方提供的金融服务的质量，甲方应组织有关方面的专业人士，包括但不限于甲方自身的工作人员来为乙方提供金融服务。

（5）甲方就乙方委托的具体业务提交报告时，乙方主要领导应该听取甲方的汇报。

四、双方的权利和义务

（1）甲方的权利

①有了解和掌握乙方财务、生产、投资、销售、财务状况变动、企业重大经营决策等经营管理状况的知情权。

②甲方在行使上述知情权时，有权要求乙方予以配合，披露有关信息资料。

③有依据专家的意见，改进乙方生产、经营、管理水平的建议权；有了解、掌握乙方使用信贷资金的监督权；有收取信贷资金利息、综合授信承诺费、顾问服务费的受益权。

④有依据本协议和乙方经营状况调整综合授信额度的决定权；有为乙方提供金融服务的优先权。

（2）甲方的义务

①有组织有关专家对乙方进行有关商业调查、论证发展方向并提供顾问意见和书面报告之义务。

②有组织有关专家对有关建设项目及投资项目的投资决策提供顾

问意见和建议的书面报告之义务。

③有依据本协议之规定，向乙方提供及时的信贷资金之义务。

④有向乙方提供良好的结算服务之义务。

⑤有维护乙方利益，保守乙方商业秘密、约束派出人员之义务。

（3）乙方的权利

①有对甲方提供的建议和意见进行审议、修改并决定取舍的决定权。

②有依据双方另行签订的信贷协议之规定，对甲方提供的信贷资金的支配权。

③有要求甲方改进信贷及结算服务的建议权。

④有对甲方派出人员劳动纪律与日常工作的管理权。

（4）乙方的义务

①有向甲方提供有关企业财务、市场、经营、投资、规划、内部管理等资料并保证其真实、准确、完整、及时之义务。

②有听取甲方意见和建议，接受甲方监督，提供工作方便之义务。

③有维护甲方利益，合理使用信贷资金并保证信贷资金安全之义务。

④有依据本协议之规定，优先通过在甲方设立的基本账户办理结算之义务。

⑤有依据本协议之规定，向甲方支付有关费用之义务。

（5）双方同意，双方均应充分尊重对方的权利并切实履行自己的义务。

（6）双方同意，就本协议第二项合作内容中甲方向乙方提供的金融服务，如果双方另行签订协议，且该协议与本协议的约定不一致的，双方同意以该协议约定的内容为准。

五、费用的标准及支付方式

（1）甲方依照本协议为乙方提供有偿服务时，乙方同意按本协议确定的取费标准及支付方式向甲方及时付费。

（2）乙方承诺向甲方支付的费用分为：

①综合授信承诺费。对甲方提供给乙方综合授信额度未实际利用部分按年率□%每季由乙方支付给甲方。

②信贷资金利息。人民币贷款按发生当时中国人民银行规定的法定利率由乙方支付给甲方；外汇贷款按发生当时双方协商确定的利率□%由乙方支付给甲方。

③结算手续费。按银行统一收费标准由乙方支付给甲方。

④顾问咨询费。包括：

●乙方的建设项目和投资（收购）项目论证，按每个单项投资总额的□%由乙方支付给甲方。

●本协议履行过程中，双方均认为必要的其他独立的专项顾问咨询项目的费用，由双方商议另行签订协议。

（3）双方同意，乙方向甲方支付费用的方式分为：

①综合授信承诺费，对依据本协议规定综合授信正式生效（由甲方以书面形式通知乙方）后第一年度的综合授信承诺费，乙方应在当年□月□日前将全部款项汇入甲方账内，第二年度及以后的综合授信承诺费在每次中国人民银行规定的结息日前由乙方支付给甲方。

②信贷资金利息，按双方签订的借款合同之规定支付。

③结算手续费，按业务发生的时间及时支付。

④顾问咨询费，按下列方式支付：在乙方提出顾问服务要求并签订顾问服务协议后10日内由乙方按贷款额的□%向甲方支付，余款在甲方正式提交相应的咨询意见或报告10日内由乙方向甲方支付。

六、争议的解决

（1）双方同意，在履行本协议有关条款过程中，如双方发生争议，应本着尊重专家意见，维护企业发展利益和银行资金安全的原则，经友好协商解决。

双方同意，如乙方对甲方所提供的企业建设项目及投资项目论证报告有分歧，应进行充分论证协商。如经多次讨论仍未达成一致，可聘请双方均能接受的专业机构或专家对项目进行再评价。如在此基础上双方仍未达成一致意见，甲方有权依据其自身对项目发展风险的判断，对综合授信额度作出相应调整。聘请其他专业机构或专家对项目进行再评价所发生的费用由双方各承担50%。

（2）双方同意，对甲方提出的改善企业财务状况的建议，乙方应认真对待并予以落实，如乙方对意见和建议有分歧，乙方应积极作出解释，甲方可以保留意见并观察3个月。如在观察期内企业财务状况发生恶化，双方再就此意见进行讨论，如仍未达成一致意见，甲方有权依据企业财务恶化的程度调整综合授信额度和贷款期限。

七、违约及违约责任

（1）双方同意，双方应督促己方工作人员认真履行本协议各条款之规定，如一方有违反合同之规定，则违约方应赔偿对方由此造成的直接经济损失。

（2）双方同意，如乙方违反本协议规定或不按期还本付息，甲方有权依据信贷协议之规定行使权利。

（3）双方同意，如甲方不能按双方签订的信贷合同按期发放贷款，造成乙方经济损失，乙方有权终止本协议并要求甲方赔偿由此造成的直接经济损失。

（4）双方同意，除非政府或法律的原因，本协议任何一方不得以任何理由向任何人披露根据本协议而取得的对方的资料、信息、数据或其他任何形式的资料。因违反上述规定而造成对方损失时，违约一方应该按对方的实际损失承担赔偿责任。

八、协议的未尽事宜与违约争议的解决

（1）本协议的未尽事宜双方应本着友好协商的精神予以解决，未尽事宜协商的结果应有书面记录并有双方授权代表签字确认作为本协议的附件。

（2）双方对违约争议无法协商解决的，可通过仲裁机构或人民

法院裁定。除另有约定外，双方不承担任何由对方引起的连带法律责任。

九、协议及协议的生效

（1）本协议某一条款的失效不影响其他条款的有效性。

（2）本协议的所有附件（包括副协议）均是整个协议的组成部分，具有同等的法律效力和不可分割性。

（3）本协议一式4份，双方各执2份。自双方授权代表在本协议上签字之日起生效。

（4）本协议有效期为3年。本协议到期如双方无异议，可在本协议到期前2个月以书面方式经双方授权代表签字确认后顺延。

十、协议的终止

（1）本协议到期后，双方或一方无意延期，即自然终止。

（2）依据本协议之规定，由于一方的违约构成终止本协议条件的，另一方可以书面方式通知对方终止执行本协议。

（3）在本协议有效期内，如双方已丧失合作基础，经协商，均认为无继续执行本协议的必要，可由双方授权代表书面签字终止本协议。

（4）在本协议有效期内，如一方已无继续履行义务的能力或无意继续履行义务，可由其以书面方式向对方提出，在征得对方书面形式同意的基础上方可终止本协议。

（5）终止履行本协议应按本协议或其他相关的独立合同之规定清理债权债务。

甲方：　　　　　　　　　　　　乙方：

法人代表或授权代表人：　　　　法人代表或授权代表人：

签订日期：　　　　　　　　　　签订日期：

签订地点：

（二）专项服务协议示例

专栏 7-6

××银行河北省分行向星达公司提供顾问服务的协议

依据××银行河北省分行（以下简称"甲方"）与星达公司（以下简称"乙方"）达成的《××银行河北省分行与星达公司战略合作协议书》的要求，现就××银行河北省分行向星达公司提供顾问服务的有关事宜达成如下协议：

一、顾问服务的主要内容

（1）甲方为乙方提供顾问服务是基于乙方对甲方专业能力的认同和乙方对甲方所提供的全面顾问服务之需要。

（2）甲方为乙方提供的顾问服务主要包括管理顾问、投融资顾问及资本运作顾问。管理顾问服务主要是指甲方为帮助乙方改进企业财务管理、计划资金管理、经营管理、战略规划等内部管理问题而向乙方提供的服务性工作。投融资顾问和资本运作顾问主要是指甲方为帮助乙方进行不断扩展等发展要求而进行的服务性工作。上述顾问服务的主要内容包括：

①协助乙方建立科学的决策与控制体系。

②协助乙方进行市场调查、营销诊断与信息收集，提出改进乙方营销工作的建议。

③通过调查与分析，提出改进乙方财务与资金管理状况的建议。

④帮助乙方制定资金使用计划、设计融资工具和进行财务安排。

⑤帮助乙方完善市场形象。

⑥为乙方提供政策信息、经济信息服务。

⑦其他改进乙方日常生产经营状况的建议。

⑧协助乙方制定长远发展规划并提供相关市场投资技术、管理等支持性条件的论证报告。

⑨对客户以扩大产能或调整产品结构为目的的建设性项目进行论证。

⑩对乙方在资本市场上进行收购兼并等投资性活动进行论证、评价、方案策划并组织实施。

⑪推荐（帮助选择）乙方的投资合作伙伴，物色投资目标。

⑫协助编制投资项目的商业谈判方案，参与或代理投资项目的商业谈判。

⑬帮助起草有关投资项目的建议报告、法律文件，提供管理建议并组织实施。

⑭目标项目重组方案的策划、制作及实施。

⑮对乙方其他投资性活动进行论证与协助调查。

⑯乙方委托甲方从事的其他顾问工作。

二、提供顾问服务的方式

（1）提供管理顾问服务的方式。

①通过在乙方内部建立联合工作机构，由甲方派出人员协助工作，帮助乙方建立内部决策与控制系统。

②利用甲方在信息收集方面的优势，为乙方提供多方面的市场信息与政策信息。

③利用甲方在金融、财务、计划等方面的人才优势，为乙方提供财务管理与资金管理咨询服务。

（2）提供投融资及资本运作顾问服务的方式。

①利用甲方在信贷、投资、项目评估等方面的人才优势，为乙方提供投资性项目的论证与策划。

②利用甲方多渠道的人力资源与信息资源，为乙方提供战略规划服务。

（3）管理顾问服务分有偿服务和无偿服务两种。一般企业内部调查与建议为无偿服务，需借助甲方外部力量进行的服务为有偿服务。投融资顾问与资本运作顾问服务均为有偿服务。

（4）所有有偿服务均应由甲方向乙方提出书面报告，并在实施前以协议形式加以确定。

（5）双方同意，由双方或双方的联合工作机构提出具体工作内容，经双方协调机构报各自领导书面认可后，由甲方牵头组织专门的班子实施。

三、顾问服务的取费标准与支付方式

（1）双方同意，本协议中乙方承诺向甲方支付的顾问服务费，按下列标准由乙方支付给甲方：

①乙方的建设项目和投资（收购）项目论证，按每个单项投资总额的0.5%支付。

②本协议履行过程中，双方均认为必要的其他独立的专项顾问咨询项目的费用，由双方另行签订协议加以确定。

（2）双方同意，乙方按下列方式向甲方支付顾问服务费：

①乙方的建设项目和投资（收购）项目论证的顾问咨询服务费自双方正式确认执行项目的协议签字生效后的15日内由乙方按应支付总额的60%支付给甲方，其余的40%在项目论证报告完成10日内由乙方支付给甲方。

②其他专项顾问服务费，按双方正式确认执行项目的协议签订后20日内，由乙方按应付额的50%支付给甲方。其余的50%在调查报告、研究报告或策划方案经双方确认完成并签字后的15日内支付给甲方。

四、责任与知识产权

（1）甲方承诺尽最大努力，组织有关专业人士进行审慎的调查、研究、组织、公关，提出专业水准的意见及报告。

（2）甲方提出的上述意见或报告，乙方有权决定是否采纳。

（3）甲方提出的意见或报告，只要甲方进行工作时不存在恶意损害乙方利益的故意及事实，则甲方对乙方采纳该意见及报告后所造成的后果不承担任何责任。

（4）意见和报告的知识产权归甲方所有，乙方不得向任何第三方披露该意见或报告，不得通过向第三方披露该意见或报告牟取利益。

五、其他

（1）本协议作为双方签订的主协议的附件，随主协议的生效而生效，随主协议的终止而终止。

（2）在本协议执行过程中，双方同意就顾问服务的具体品种另行签订协议以明确有关内容。此协议具有相对独立性。

甲方：　　　　　　　　　　　乙方：

法人代表或授权代表人：　　　法人代表或授权代表人：

签订日期：　　　　　　　　　签订日期：

签订地点：

专栏 7-7

××银行河北省分行与星达公司建立联合工作机构的协议

依据××银行河北省分行（以下简称"甲方"）与星达公司（以下简称"乙方"）达成的《××银行河北省分行与星达公司战略合作协议书》的要求，现就××银行河北省分行与星达公司建立联合工作机构的有关事宜达成如下协议：

一、人员构成

（1）甲方选派4人；

（2）乙方选派4人；

（3）部门管理人员甲、乙双方各指定1人，正职由甲方人员担任。

二、机构职能

联合工作机构是对甲方行长和乙方总经理负责的乙方内部常设机构，同时为甲、乙双方的联络机构。职责主要是：

（1）对乙方的战略发展规划提出策划意见及推动方案。

（2）提交乙方资金及资本运作方案。

（3）对乙方各管理系统提出预警报告。

（4）帮助建立和完善乙方内部系统。

（5）提交工作报告。

三、权利范围

（1）具有收集乙方资料的权利。

（2）具有向乙方总经理提出工作改进意见的权利。

（3）具有内外调研的权利。

（4）具有参加乙方高层管理者会议及生产调度会议的权利。

（5）对乙方重大战略决策有提出建议的权利。

（6）具有对乙方提供综合授信的建议权利。

四、目标责任与工作方法

自联合工作机构成立之日起10日内，由该机构提出目标责任与工作方法，经甲方行长和乙方总经理讨论同意后执行，并作为对该机构及工作人员考核的依据。

五、双方的利益保证

（1）人事管理权。双方对各自派入此机构的工作人员有调整权，并对对方的派入人员有调整建议权。

（2）财务管理权。除甲方派入人员的工资与福利费用由甲方承担外，其他的费用均由乙方承担，并按乙方有关管理制度执行。

六、其他

该联合机构经甲、乙双方共同认可后方可正式撤销。撤销后，双方的日常联络工作由双方指派专人负责。

　　甲方：　　　　　　　　　　　乙方：

　　法人代表或授权代表人：　　　　法人代表或授权代表人：

　　签订日期：　　　　　　　　　签订日期：

　　　　　　　　签订地点：

四、签署金融合作协议

　　起草完有关法律文本后，客户经理应与客户就协议的具体条款进行详细的沟通，并报本银行法规部门审核。审核批准后，客户经理应同客户就协议签署的有关事宜进行洽谈。一般来讲，客户经理为签订合作协议需做好如下准备工作：

　　（1）协议上的任何文字以终稿为准，协议文本不得涂改，确需变动时，须经双方同意，改动的地方要加盖公章。协议需用钢笔或毛笔签订。

　　（2）订立协议的当事人必须具备完全的缔约能力和合法资格，必要时应对协议的签署进行公证。

　　（3）与拟签约客户进行联系。

　　①确认客户方关于签约事项的联络人。

　　②商讨签约时间、地点。

　　③确认客户方签约人员姓名、性别、职务。如签约人不是法人代表，应出具法人代表的授权书。

　　④确认客户方参加签约人员名单及各自的性别、职务。

　　（4）确认己方签约人员姓名、性别、职务，确认己方参加签约人员名单及各自的性别、职务。

．（5）联系签约地点。一般在本银行办公地点或某个宾馆进行签约活动．如在宾馆进行签约，应与其就费用、会议室的使用、摄像、礼仪人员、条幅制作等问题进行协商。

（6）如有必要，联系新闻单位，并协助新闻单位起草新闻稿。

（7）起草领导讲话稿。

（8）准备好赠送给客户的礼物并届时由参会领导进行交换。

（9）确定是否邀请非签约双方的第三方人士（如媒体）参加。

（10）确定所有参会人员的成行方式及成行时间。

（11）确定主持人及见证签字人员名单，安排签字仪式程序，并落实每个见证签字人员在主席团上的站立位置。

（12）如在宾馆签约且需要住宿，需预定好房间。

（13）在签约前 1 ~ 2 天到签约地点进行实地考察，确定签约参加人员的座位位次（制订座位牌并摆放好）、条幅的悬挂等会场布置事宜，并安排仪式服务人员提前进行演练，直至熟练为止。

（14）协助礼仪小姐引领领导入座及签字后退席。

（15）安排好来宾携带的文件包及其他物品。

（16）根据财务标准安排宴席，确定参会者的座次（届时应有专人引领）。

（17）安排好对方参加人员的接站、到达时车位的引领及接待工作。

（18）如在外地签约，应为双方参加人员预订好往返车票或机票，并安排好接、送站事宜。

（19）协议签署前，要对协议文本妥善保管，以防丢失。

（20）多印刷几个协议文本，以防签协议时出现水渍、污损等情况。

（21）协议签署后，应尽快完成加盖公章程序，并相互交换后保管、发文，通知相关分支机构进行落实。

第四节　合作事项的具体运作

签订协议意味着双方合作的正式开始，签订的协议内容就变成了具有法律意义的事实，签订双方也就具有了相应的权利与义务。客户经理应以高度的责任感与事业感牵头组织作业小组及产品部门投入对客户的服务工作，保证对客户服务的高质量、高效率。例如，聘请了外部机构或专家参与对客户的服务工作，还应督促外聘单位按协议抓紧作业，全面推进金融顾问服务工作，保证按时完成对客户的服务工作。

一、客户经理协调银行内部部门组织实施方案

（1）通过协调，让银行内部各个部门认可客户经理的方案，并按照经过审批的方案内容为客户提供产品和服务。

（2）在方案运作过程中，客户经理需要协调如下银行内部部门：

①部门内部或客户经理小组内部的协调。主要是确定任务分工与各自职责。

②与业务审批和风险控制部门的协调。包括与计划财务部门协调资金规模问题；与信用审查部门协调客户的评级和授信问题，客户调查资料和信用审查资料的整理和传递问题；以及对业务审批和风险控制部门提出的问题做出进一步的调查和答复。

③与产品部门的协调。协调营业部门、信贷部门、国际业务部门、资金交易部门按照方案的内容和银行内部管理及风险控制的要求为客户提供具体的金融服务和产品。

④与后勤支持部门的协调。按照对客户的许诺，向客户提供上门服务、远程终端、网上银行、电话银行等服务内容，及时配备车辆、现金押送人员、计算机硬件和软件、电话等设备和人员。有的时候还要组织同客户的联谊活动，也需要后勤支持部门的大力协助。

二、客户经理协调银行外部机构组织实施方案

如果在方案中包含银行所能提供产品以外的产品，客户经理还要组织和协调外部机构来一同运作，共同为客户提供产品和服务。主要的任务有：

（1）聘请和邀请外部专家和机构。在一个复杂的方案中，往往需要聘请一些专家或专业机构，比如律师、会计师、行业专家等。有的产品需要通过外部机构来提供，比如公司的上市推荐和股票承销。这时，就需要客户经理提出拟聘请的专家和拟邀请的合作机构的名单，并负责与这些专家或机构进行接触和洽谈业务合作。

（2）按照协议和客户的要求，组织、协调外部专家和机构，为客户提供产品和服务。

（3）负责沟通外部专家、机构和客户之间的信息，及时解决工作过程中遇到的问题。

三、向客户索取开展业务必需的有关材料

不同的银行产品需要客户提供不同的资料，为提高服务效率，客户经理可采取卡片的形式向客户索取有关资料。

表 7-2　□□产品需提交资料（卡片式）

尊敬的客户朋友：		
为了尽快帮您办理业务，请您在办理业务前认真阅读下列内容并将下列资料尽快提交我行，以提高我们为您服务的效率。真诚感谢您的惠顾！		
您应提供的资料	资料名称（可根据产品手册所列业务品种填写）	您实际提交的资料
□		□
□		□
□		□
□		□
□		□
□		□

□		□
□		□

客户签字：	客户经理签字：
交付资料日期： 年 月 日	接受资料日期： 年 月 日

有关收费标准：

　　我们将按　　标准收取费用。

我行承诺：

　　您如果能向我行及时提供符合要求的资料，我们将在□天之内办理完上述业务。

产品经理意见：

　　　　　　　　　　　　　　　　　　　　　　　产品经理签字：

　　　　　　　　　　　　　　　　　　　　　　　　　年 月 日

四、提高产品服务效率

　　客户经理需联合银行产品部门共同向客户提供产品服务，为提高服务的效率，客户经理应加强计划性，可采取制作计划进度表的方式进行。其中，表7-3为客户经理自己掌握服务进度所用，表7-4为客户经理上报自己的工作计划供上一级领导掌握所用。

表7-3　客户经理业务开展进度表

服务品种		预定完成时间	实际完成时间	责任人	拟采取对策
品种一	第一阶段				
	第二阶段				
	第三阶段				
品种二	第一阶段				
	第二阶段				
	第三阶段				

服务品种		预定完成时间	实际完成时间	责任人	拟采取对策
品种三	第一阶段				
	第二阶段				
	第三阶段				

表 7 - 4　客户经理提供产品服务工作表

客户名称：　　　　　　　　　客户联系电话：　　　　　　　　　客户方联系人：

产品名称	计划时间安排	协作部门	协作人员	实际完成时间

产品服务说明：

客户经理签字：

年　月　日

工作效率评价：

上一级经理签字：

年　月　日

五、向客户提交服务成果

对信贷、结算等传统的银行服务，客户经理是在牵头组织产品部门向客户提供服务的过程中完成的。对顾问服务，客户经理最终需提交专业的服务报告。服务报告的终稿需经专家及上一级客户经理审核后才可向客户提交。一般来讲，不同的服务报告具备不同的内容，应采取不同的形式。

（一）客户发展建议书

光明工贸公司是一家上市公司，客户经理在对其进行诊断的基础上，提出了专业化的顾问建议。

专栏 7-8

对光明工贸公司发展的建议

尊敬的＿＿＿＿＿＿公司：

为促进贵公司的进一步发展，我们本着忠于客户、服务客户的原则，提出如下发展建议，请参考。

一、为确保贵公司的长期成长性，应研究企业发展战略

（1）搞好市场研究。包括国际、国内市场上公司产品（含相关产品）的供需现状、未来走势；原材料的供需现状、未来走势；国内外同类企业的成功道路；产品价格分析；影响行业发展的因素分析；产业政策剖析；行业发展走势预测；行业主要企业情况分析。

（2）制订经营与发展战略。包括企业基本情况剖析；企业主要经济技术指标及与同类型企业比较；企业在同行业中的竞争地位剖析；企业存在的问题及解决方案；以核心优势为根本的扩张之路；企业发展战略目标、规划及其可行性；企业发展前景预测；企业持续发展的战略规划。

（3）抓住发展机遇。包括行业的整体发展态势；行业的市场结构及资源配置状况；市场空隙剖析；行业重组、技术创新等对贵公司的影响；贵公司对机遇的把握。

（4）注重风险控制。包括企业财务风险监控体系的创建；市场风险与防范；政策风险与防范；行业风险与防范；扩张风险与控制等。

二、考虑利用企业的核心优势，走资本经营之路，搞好战略扩张

（1）利用金融杠杆和资本市场工具，实现核心业务的规模化扩张。

（2）在巩固核心业务的同时，考虑核心产业链的延展，寻求新的效益增长点。

（3）利用国家对基础产业的倾斜政策，加大科技开发投入，做出高科技概念。

（4）利用上市公司在品牌、信用等方面的优势，走向借助资本市场成长之路。

三、创新思路，在同类型上市公司中独树一帜

（1）通过与我行展开全面合作，在同类型上市公司及公众中树立起银企全面合作的旗帜。

（2）获得我行全面的金融服务，借助金融杠杆和手段进行扩张。

（3）通过与我行展开全面合作，实现企业与我行的优势互补，树立良好的产业与金融间"强强联合"型上市公司新形象。

（二）重组方案和筹融资方案

客户经理向客户提供重组顾问服务，最终要向客户提供重组方案；向客户提供筹融资顾问服务，最终就要向客户提供筹融资方案。

一般来讲，重组方案应包括如下内容：介绍重组背景；介绍重组的目标；介绍公司重组的国内经验；公司重组的模式分析，包括每种模式的优、缺点及适用条件；设计具体的重组方案，一般是提出若干备选方案；对各个备选方案进行评价，并选出最佳方案；介绍选择该重组方案的依据；介绍该重组方案的操作依据与步骤。

筹融资方案则包括如下内容：介绍项目背景；介绍项目特征及市场运作要求；分析项目存在的问题，主要分析现有筹融资工具与渠道存在的问题；筹融资方案的具体设计，包括设计原则与思路、筹融资的具体途径及分析、项目债务承受能力分析、项目资金使用安排建议及其他注意事项；对新的筹融资渠道进行效益分析，包括项目效益预测、借款偿还计划、项目现金流量预测、经济指标分析等内容；介绍筹融资方案的具体实施措施及保证措施。

下面以一份电信业重组方案为例加以介绍。

专栏7-9

中国电信业重组方案（纲要）

第一章 电信行业的发展趋势

一、全球电信业的发展趋势

（一）电信业正在成为全球第一大产业

（二）产业的增长模式和竞争格局发生巨大变化

1. 技术进步和竞争将进一步降低产业的进入壁垒，成为驱动产业发展的核心动力。

2. 各国对电信市场准入的管制将进一步放松。

3. 电信公司间的竞争在多层次上展开。

（三）传统的大型电信公司需要变革以充分适应新的产业竞争环境

1. 国有电信运营机构正全面加速公司化和民营化以提高竞争力。

2. 有效的规模经济对于保持低成本的竞争优势变得越来越重要。

3. 拥有网络和融资渠道对于保持竞争优势至关重要。

二、中国电信公司化的背景

1. 中国电信在政企合一、缺乏竞争的旧有的增长模式下仍取得了惊人的增长。

2. 在技术进步和投资的拉动下，中国电信市场已成为全球最具发展潜力的电信市场，但中国电信公司在公司化和竞争性等方面远落后于世界主要国家的电信公司。

3. 转变产业增长模式是中国电信业面临的最大挑战。

4. 当前是中国电信业进行公司化重组的最好时机。

第二章　中国电信的重组分析

（一）中国电信的重组目标

中国电信重组的目标在于通过在国内电信市场引入有效竞争和推进中国电信的公司化以形成中国电信产业以竞争为驱动力的新的产业增长模式。

（二）中国电信重组的目标结构选择

1. 中国电信重组的目标模式。

选择一：中国电信整体重组，同时大力加强中国联通作为第二电信公司的竞争地位。

选择二：将中国电信按专业分解为寻呼、移动、固网等专业公司，并由固网公司控股其他专业上市公司。

选择三：将中国电信按专业分解为寻呼、移动、固网等专业公司，各专业公司上设立一个统一的"电信控股公司"，并由该控股公司重组中国联通，形成该控股公司控股中国联通和若干专业公司的结构。

选择四：将中国电信按专业分解为寻呼、移动、固网等专业公司，各专业公司上设立一个统一控股的"中国电信集团公司"，形成与中国联通竞争的格局。

选择五：将中国电信按专业分解为寻呼、移动、固网等专业公司，形成中国联通与各专业公司并列的竞争格局。

2. 中国电信重组目标模式选择的关键因素。

（1）目标模式选择的关键在于如何尽快在国内电信市场引入有效的竞争。

（2）目标模式的选择应与对外开放电信市场的政策设想相一致，应与未来电信技术的发展相吻合，应具有较强的可操作性，且能为资本市场所接受，使资本市场融资规模最大化。

3. 中国电信重组目标模式的比较与选择。（略）

（三）中国电信的公司化

中国电信整体重组是未来参与国际竞争的一个有效手段。整体重组与下属业务公司专业化并不矛盾。具有自然垄断性质的固网也应该尽可能加速公司化和上市的进程。

（四）资本市场

资本市场对于中国电信的重组和发展至关重要，拥有融资渠道已成为新兴电信公司向传统大型电信公司挑战的关键。必须搞好资本市场定位与估价。

（五）中国电信重组应考虑的其他因素

1. 联通及有线电视网的竞争问题。

2. 人员精简问题。

3. 资费调整问题。

（三）客户诊断书

当客户要求客户经理对客户当前的存在状态或某个单一问题进行诊断时，客户经理应向客户提交诊断书。在诊断书中，主要应明确客户当前存在的问题及应该采取的对策。下面以客户经理提交给旺威医疗器械销售公司的营销诊断书为例介绍客户诊断书的写法。

专栏 7-10

旺威医疗器械销售公司营销诊断书

营销诊断涉及企业经营管理活动的方方面面，包括营销环境分析、企业内部状况分析、营销策略和计划反省、销售队伍建设等多项内容。本诊断书没有面面俱到，只对企业的营销组合进行了诊断并提出若干专业建议。

一、产品诊断

（一）纠正业务只顾卖老产品，不愿卖新产品的习惯和行为，大力发展新品牌。具体对策是：

1. 努力寻找价格较低的新品牌，以争取经济实力不大和斤斤计较型的客户，扩大公司的市场占有率。

2. 大力引进新产品，包括目前国内或大区市场上还没有的产品以及经过改造的老产品。

3. 对业务员进行新产品知识的培训，让业务员了解新产品，掌握销售新产品的技巧与重点。培训师资主要由产品生产厂家安排。

4. 调动业务员推销公司产品的积极性，定期宣布公司的重点销售产品，将该产品的销售业绩列入对业务员的考核内容中。

（二）运用市场细分策略，开发家庭用医疗器材，并开拓家用医电市场。

二、价格诊断

（一）本公司市场占有量较高，但面临着其他公司低价竞争的威胁。对策是：

1. 强先引进某种新产品，以高价开拓市场，获得垄断利润。等到许多竞争对手跟进时，则以降价打击竞争对手，以巩固该产品的现有市场。

2. 采用副品牌策略，形成品牌系列。

（二）以分期付款和租赁的方式来开发中小型规模医院。

（三）加强非价格竞争策略。

1. 邀请国内外权威学者举办学术演讲会，并通过媒体对演讲会进行深入报道。

2. 针对医院实际，举办关于医疗设备购置、使用的有关知识和操作技巧的研讨会。

3. 售前服务。推荐适用产品，提供使用机会。

4. 按时送货，并提供认真的培训，保证用户能熟练使用该产品。

5. 售后服务。维修队伍阵容强大，维修手段先进，且维修速度很快。

三、销售渠道诊断

（一）本公司应积极开发中小型医院。理由是：

1. 符合本公司的经营理念。

2. 由于市场容量大，有利于销售业绩的提高。

3. 由于时代的进步和人民生活水平的提高，中小型医院也需要现代化的医疗设备。

（二）开发中小型医院的方法。

1. 除本公司现有的地区经销商外，不再寻求新的地区经销商，完全由本公司直营。这样可避免受制于人。

2. 先在销售基础较好的地区试销，取得成功经验后再向其他地区推广。

3. 将试销期间表现良好的业务员分派至各地区担任销售主管。

4. 有计划地招聘、培训新的业务员。

（三）建立详细的客户基本资料档案。

四、推广诊断

（一）对用户应采取的对策。

1. 举办新产品发布会、学术报告会、操作技术交流会等活动。

2. 会上举办聚餐抽奖等活动，以联络感情、活跃气氛。

3. 进行服务承诺。

4. 以优惠价向老客户供应新产品。

（二）对业务员应采取的策略。

本公司业务员的缺点主要是不够积极，拓展市场的冲劲不足；对老客户的维护不到位；工作计划不明确等。采取的对策是：

1. 由专业营销顾问公司负责对业务员进行培训。

2. 制定业务员的业绩考核办法。考核结果将影响到业务员的加薪、年终奖金与升迁。

3. 定期召开销售工作会议，对过去的工作进行总结，并安排下一步的工作。

（三）本公司应采取的广告和公关方式。

1. 编印设备使用手册，邮寄或当面递交给中小型医院。

2. 运用新闻报道、学术会议、向贫困地区医院捐献等方式强化本公司的市场形象。

3. 在主要专业杂志上刊登广告或相关的学术、科普文章。

（四）创业建议书

如果客户正处于创业阶段，客户经理可通过顾问服务向其提出创业建议。创业计划书可以有不同的格式，但一般应包括如下内容：

1. 公司摘要

这一部分主要介绍公司的主营产业、产品和服务，公司的竞争优势以及成立地点、时间，所处阶段等基本情况。

2. 公司业务描述

这一部分介绍公司的宗旨和目标、公司的发展规划和策略。

3. 产品或服务

介绍公司的产品或服务，描述产品和服务的用途及优点、有关的专利、著作权、政府批文等。

4. 收入

介绍公司的收入来源，预测收入的增长。

5. 竞争情况及市场营销

分析现有和将来的竞争对手、他们的优势和劣势以及相应的本公司的优势和战胜竞争对手的方法。对目标市场作出营销计划。

6. 管理团队

对公司的重要人物进行介绍，包括他们的职务、工作经验、受教育程度等。公司的全职员工、兼职员工人数，哪些职务空缺。

7. 财务预测

公司目前的财务报表，未来五年的财务预测报表。投资的退出方式，应明确是选择公开上市、股票回购、出售、兼并或合并中的哪一种。

8. 资本结构

公司目前及未来资金筹集和使用情况、公司融资方式、融资前后的资本结构表。

9. 附录

支持上述信息的资料，包括管理层简历、销售手册、产品图纸以及其他需要介绍的内容。

（五）专项咨询报告

机关团体是银行的重要客户之一。银行凭借自身的金融实力，可承担这些客户委托的咨询课题。下面介绍两份咨询报告，第一份咨询报告是银行向某地方政府部门提交的，第二份咨询报告是银行向某城市商业银行提交的。

专栏 7 - 11

国外金融界支持中小企业发展的咨询报告

中小企业因具有推动经济增长、增加就业机会、促进市场繁荣、保持经济发展等优点而备受重视，同时也因具有势单力薄、资源利用率较低等劣势而需要各方面的支持。本报告拟对国外金融界支持中小企业发展的经验进行介绍。

一、国外对中小企业进行金融支持的经验

美国、日本、英国、法国、意大利、加拿大等国的中小企业都很发达，他们为促进中小企业的发展而纷纷在财税、信息、法律、技术、金融等方面给予扶持。他们在金融立法、政策与监管上采取的措施主要有：

（一）创立较为健全的金融法规。

日本自 20 世纪 50 年代以来先后制定了约 30 个中小企业的专门法律，涉及金融方面的主要有《中小企业现代化资金助成法》、《中小企业金融公库法》、《中小企业信用保险公库法》、《国民金融公库法》等。

美国也制定了一系列的中小企业法规，涉及金融方面的主要有《中小企业技术革新促进法》、《机会均等法》、《小企业经济政策法》、《小企业开发中心法》、《扩大小企业商品出口法》、《小企业投资奖励法》、《小企业资本形成法》等。

德国为提高中小企业的竞争能力、规范政府对中小企业的行为，也制定了《反限制竞争法》、《关于保持稳定和经济增长法令》、《中小企业促进法》等。

素有"中小企业王国"之称的意大利 20 世纪 50～90 年代通过了多项法律，其中《扶持中小企业创新与发展法》详细地阐述了有关中小企业的各项扶持政策。

（二）建立专门的金融服务机构。

日本建立了政策性的"中小企业金融公库"，在市一级的政府，还普遍设有政策性的"小规模事业金融公社"，专门帮助中小企业借款，扶持其发展。日本的政府和行业协会还设立了一些特殊的金融机构，如中小企业金融公库、国民金融公库、工商会中央公库、国民金融公库、环境卫生金融公库，专门从事对中小企业、个人和大公司的关联企业的新技术开发，提供小额贷款。此外，日本还在地方各级政府增设"防止企业倒闭特别顾问室"，其职能有：帮助中小企业制订经营稳定对策；帮助中小企业从"中小企业金融公库"获得资金支持；根据《中小企业信用保险法》，帮助中小企业从"国民金融公库"获得低息周转资金，防止因一时的资金周转困难而倒闭。

德国在 20 世纪 50 年代初先后设立了复兴和平衡银行两个国有独资政策性银行。前者旨在推动中小企业国外业务开拓，后者重在援助原东德难民经济的恢复与发展，两家银行的主要贷款对象都是中小企业。两家银行每年仅自有资金专项扶持中小企业发展的放贷规模就在 500 亿～600 亿马克以上，其中 230 亿马克来自"欧洲复兴计划援助基金"，余者由银行向资金市场融通获得。

英国为解决中小企业筹措长期资金的困难，曾于 1934 年成立"产业金融公司"，于 1945 年成立"工商业金融公司"。

法国为便利中小企业融资专门成立了"中小企业装备信贷局"，法国的大众信贷集团、互助信贷集团和农业信贷集团则是专门面向中小企业和农村非农产业的金融机构。

美国小企业管理局的主要职责之一是向那些符合条件的小企业提供信贷帮助，为小企业向银行和私营贷款者提供贷款担保。

（三）在金融政策上给中小企业以扶持。

日本根据《中小企业现代化资金助成法》专门制定了"中小企业设备现代化资金贷款制度"和"设备租赁制度"，为中小企业提供长期、无息贷款。日本还根据《中小企业创造活动促进法》制定了对中小企业技术开发的支援政策。

美国在 20 世纪 50 年代就建立了中小企业资金援助制度。美国的小企业管理局也有权向小企业发放贷款，方式主要有直接贷款、协调贷款（由中小企业局与银行共同对中小企业进行贷款）、保证贷款（由银行给予全部贷款，但中小企业管理局给予 90% 的担保）。

法国将金融政策作为扶植中小企业的首要政策，20 世纪 80 年代采取了扩大贷款额、提高中小企业贷款比重、设立国家保险基金为中小企业贷款进行担保等重大措施支持中小企业。

德国采取的金融政策主要有：①创业型自有资金援助贷款。凡个人或团体创办中小企业，在自有资金达投资总额 10% 的基础上，即可向平衡银行申请创业援助资金 30%，余下 60% 由创业者自筹。创业援助贷款一般为 10 ~ 20 年期，年息 3.55%（一般贷款年息为 4% ~ 5%），第一、二年可不付息，前 10 年可不还本金。②一般性贷款。此类贷款需企业提供财产抵押，放贷风险由商业银行和政策性银行按比例分担，但政策性银行的最高风险比例不超过损失的 50%。③特殊专项贷款。专门用于扶持欠发达或发展迟缓地区（或行业）以及高科技型中小企业。④设立持股公司收购急需资金支持或即将倒闭的中小企业，使其获得所需资金。当中小企业达到规模效益或恢复正常经营后，该持股公司即置换出股权再行周转。

此外，还十分注重优惠贷款措施的制定，包括贷款利率、借款额度等方面。如日本中小企业可以按最低利率在国家专业银行或金融公司获得贷款，可以多借贷款，也可以延长还款期限，对小型企业还实行无抵押贷款。又如意大利对中小企业实行利率补助制度和所需资金补助制度，具体做法是对中小企业发放贷款的利率与市场通行利率间的差额，由国家负责补给。

（四）建立信用担保制度。

包括日、美、法在内的一些国家在金融政策上扶植中小企业时，往往注重信贷辅助制度的制定，主要是建立担保基金。目前设立担保基金的国家和地区有50多个。例如：

德国建有专门为中小企业提供担保的机构。担保机构一般按贷款总额的80%提供担保，担保机构按担保总额的0.8%收取保费。

日本通过中小企业信用保险金库（政府全额出资成立）和民间信用担保协会对中小企业贷款提供担保，日本信用担保协会每年提供的担保已占全国中小企业贷款总额的7.5%。

美国中小企业局也把预算拨款从无偿援助转为信用担保，近几年已先后为500多万户企业提供担保，使它们获得了10多亿美元的贷款。

英国在工业部专设小企业局，对小企业在银行贷款的80%提供担保。

我国台湾地区在1974年6月设立了规模为4.5亿元新台币的担保基金，1998年，基金每月担保项目达8000多件，贷款余额达到160亿元新台币。

此外，欧洲的德、意、法和亚洲的韩国、马来西亚、新加坡等国也设置了形式多样的担保机构。

（五）拓宽中小企业的融资渠道。

一些国家除采取优惠贷款、政府拨款、贴息等措施外，还采取成立中小企业高技术风险投资基金、设立第二股票（创业板）市场等措施为中小企业融资提供方便。

美国的风险投资机制运行得很成功。在1995年美国国会通过的200多个与发展高新技术有关的法案中，有相当部分涉及对中小企业的风险投资。有人认为，利用社会上的资金支持创办小型风险企业以开发新产品，已成为美国经济发展的核心。风险企业已成为新产业的摇篮。

日本受美国和西欧的影响，在20世纪80年代后期出现了民间性质的私营风险投资公司，1987年这类公司达到100家，被提供资金的企业有约1800家（大多属小型企业）。

英国在1981年由英国企业局和国家研究开发公司合并而创立了英国最有影响的国有风险投资公司"英国技术集团"（BTG）。成立至今，已先后向430多家中小企业进行风险投资，总金额达到2.26亿英镑。英国民间也有许多股份制的或合作制的风险投资公司。到1987年底为止，英国全国（不包括殖民地），已有105家风险投资公司，并建立了"英国风险资本协会"（BVCA），BVCA的成员在20世纪80年代就已向1500多家风险企业进行投资。

法国的风险投资业在20世纪80年代以后也发展起来。到1986年底，已有120多家风险投资机构，资本超过1亿法郎的就有20家。法国政府通过将"国家科研成果推广署"用于技术创新的资金变成风险资本、通过财政拨款10亿法郎作为"法国风险投资保险公司"（SOFARIS）的保险基金、对民间风险投资采取减免税等措施，推动了法国风险投资事业的发展。法国的民间风险投资公司于1990年成立了法国风险投资者协会，以协调风险投资行业的行动，并采用合理的"联合投资"（几家投资公司投于一个项目）和"组合投资"（一个投资公司投于多个项目）的方式以分散风险。

在设立创业板市场方面，各国也有一些成功的做法。如美国在温哥华股票交易所、纳斯达克证券市场、美国场外电子柜台交易市场都设有创业板市场。

二、若干启示（略）

专栏 7-12

城市商业银行体制机制建设的咨询报告

通过翻阅贵行相关资料、与干部员工座谈等方式，我们对贵行体制机制建设情况已有初步了解。现运用我们掌握的专业知识，借鉴国内外先进商业银行的成功经验，对贵行提出如下建议。

一、加强对总行机关干部的价值观教育

相对于几十家支行来讲，总行是管理机关，是整个银行的"大脑"。支行在业务发展中往往有"求"于总行，因而总行干部员工易滋生"高高在上"的心态。对一些没有基层工作经验的总行员工来讲，更是如此。因此，对总行干部员工加强价值观教育实属必要。通过多种形式的教育，让总行干部员工认识到，基层才是银行效益的真正来源，如果说客户是银行的衣食父母，那么支行就是总行的衣食父母。总行要以基层为中心。总行干部员工要树立忧患意识、企业意识、服务意识、责任意识、全局意识。当然，价值观教育活动不能靠单纯说教，要采取适合新形势特点的新形式。

此外，要教育总行干部员工"慎重出政策"。总行颁布的政策是全行的行动指南。如果指的方向是"北"，那就南辕北辙了。政策一定要来自基层，用之基层。在出台政策前，一定要多征求基层意见，看适合不适合、满足不满足基层的需要。比如，为防止临柜人员不安心工作，总行出台政策要求临柜人员必须工作2年以上才能调离。这个政策出发点是好的，但颁布后却引起基层行的极大反对。因为一些基层行招聘大学毕业生做客户经理，如果放在柜台岗位上，就得工作2年才能转岗；如果直接使用，又无法使用。试想

一个连结算、记账都不熟悉的员工能干好客户经理工作吗？

二、总行规模不宜太大

银行总行的规模取决于银行总体业务规模和科技支撑实力。总体来说，作为"大脑"，总行是越精干越好，指挥员应远远少于战斗人员。这样才能提高效率、提高战斗力。前些年在国内银行界曾有一种"大总行、小支行"的思潮，且一些银行也实践过。大致做法是在总分行层面增加专业营销力量，支行网点转型做零售业务，业务权限上收，业务处理集中。这是一种"条条"为主的管理方式，是对过去国内银行以"块块"为主进行管理的一种"修正"。西方商业银行较多采取"条条"为主的做法，其基础是庞大的后援中心和灵活的决策体制。很难说"条条"、"块块"孰优孰劣，关键是看适不适合自己。从国内银行经验看，"条条"的做法有些水土不服，很多银行在采取这种做法一年后又逐渐"回潮"。我想原因主要在于，中国的国情是支行人员（尤其是支行行长）握有客户资源。如果什么事都由"条条"（总行部门）来做决策，无疑会束缚支行行长这一"地方大员"的手脚，使其无法、无力放手开展工作。支行网点不做公司业务，既是浪费，也造成总行机构臃肿。

三、总行机构设置不宜太多

银行总行如果设立过多的管理部门，将引发严重的低效现象。本来一个部门就可解决的事，现在则需要多个部门进行协调，人为增加了管理成本。"千条线一根针"，总行所有职能部门的任务最后都会通过支行那几个有限的部门来完成。造成的结果是，总行认为支行效率太低、不重视自己交代的工作，支行又抱怨总行文件过多、政出多门。长此以往，总行与支行离心离德，且恶性循环。

总行行使管理职能的部门数量应尽可能少，以经营职能为主的部门要避免与基层争利，总行的在编人员总量要控制。只有对大机构来讲，管理才会产生生产力。对中等规模的银行来讲，管理必须让位于经营，甚至并不存在完整意义上的管理，至少管理是寓于经营之中的。"一把手"是最大的客户经理。应全员营销。争取做到管理人员尽量减少，运营保障人员满足需要，营销人员多多益善。

银行整体规模较小时，对一些战略性较强的职能或一些暂时尚不急需发挥的职能，可通过设置一个或数个岗位来行使，不必动辄就成立新的部门。

四、总行部门间职责要清晰

总行部门如果职责不清晰，就会产生一些事有很多部门在同时管，而有些事又找不到人管的现象。部门间经常"打仗"是必然的。"出了成绩是自己的，失误则是别人的"；遇到成绩，争夺头功；产生失误，相互推诿。甚至一些可有可无的部门，为了体现业绩，还要找些事情管、做，结果"无事生非"。所以，对每个部门的职责要详加明确。对一些必不可少的交叉事项，可通过临时性的非正式组织方式来办理。

总行可设置客户营销（公司金融、零售金融、信用卡等）、风险管理（法律合规、信贷审批、资产保全等）、运营保障（会计核算、财务管理等）、后勤服务（党政工团等）四类部门。在明晰各部门职责的同时，银行还应倡导一种"打破银行内部部门藩篱"的文化，促进部门间人员就相关事项开展无障碍交流，以避免出现"鸡犬之声相闻，老死不相往来"。

五、科学设置风控审批架构

风控架构是相对于营销架构而言的。两者相互独立，但又密切联系，最佳选择是"你中有我，我中有你"。过分分开，比如有些银行规定风险经理不能与客户见面，只能靠看授信报告来批项目，这显然不科学，也不可取。过分密切，比如对任何一个项目，客户经理与风险经理都平行作业，则不利于风险防范，也有违监管要求。

为加强风控管理，政策制定和项目审批应该分开，项目审批和市场营销也应该分开。同一个部门不能既当裁判员，又当运动员。风险政策制定职能由法律合规部门负责，项目审批工作则由审批部门负责，客户营销则由公司金融部门负责。很多银行为了增加总行公司金融部门对分支行的控制力而赋予其一定的审批权限。但事实证明，这只是多了一道手续，增加了一个环节，效率反而降低了，风险也没能真正控制住，以至于基层单位怨声载道。

可采取委员会方式来集体审议具体项目。公司金融部门的"声音"可通过让其人员加入委员会的方式来体现。审批部门的专职审批人员要在项目上会前提出初审意见。如初审意见不同，则该项目不能上会。委员会可分两个层级：大会和小会。前者负责审批某一金额以上的项目，可由总行分管信贷的副行长任主任，审批部门、法律合规部门和公司金融部门/零售金融部门的负责人为委员。后者负责审批某一金额以下的项目，可由审批部门负责人任主任，审批部门的行业风险经理、法律合规部门的处长/精通政策人员、公司金融部门/零售金融部门的行业客户经理为委员。限额以上的项目也先由小会审批，通过后再报大会审批。制定大会和小会的议事规则，比如超过半数的委员同意，项目才能通过；委员会主任可一票否决一个项目，但不能一人就同意某个项目。在小会委员的构成上，应以审批部门人为主。大会、小会的日常办事机构（项目材料接受、会议组织等）均设在审批部门。

要建设良好的信贷文化，而信贷文化本质上是一种责任文化、一种信任文化。在风控体制建设上，要防止出现项目审批部门不愿担风险的情况。如果项目审批人员都本着"宁可错杀一千，也不放过一个"的思想来工作，则有违风控体制建设的初衷。在问责上，要防止出现"只打苍蝇，不打老虎"的情况，不能只处理基层审查人员，不能"刑不上大夫"。为了调动项目审查人员的积极性，可给予一定的容错率：在容错率内，只要不是因道德风险而导致的项目损失，都可对相关人员予以免责。

六、公司金融部门要做"实"

总行公司金融部门不再单独行使审批职权，转而承担营销职责。

营销是公司金融部门的核心职责。营销有直接营销、牵头营销和组织营销之分。对总行公司金融部门来讲，除极少数客户外，大多是要组织全行力量进行营销。组织营销体现在发布营销指引、提供营销信息、带领多家支行协调营销等方面。总行的公司金融营销部门应发挥营销领头羊、排头兵作用。

要使公司金融部门真正发挥作用，就应赋予其职权。比如赋予其公司条线的财务、人事资源调配权和管理权。也就是，"人财物相统一，责权利相匹配"。当然，每年公司条线匹配多少费用、进多少人，这些大问题仍都由计划财务部门提出并报党委会审定。党委会审定后，公司条线内每个支行该核多少费用、可进多少人，就应由公司金融部门决定。这涉及整个计划财务体系的变革，是个系统工程。但要打造流程银行，这个改革是必须要做的。

七、加强行业经理队伍建设

分工产生效率，但分工过细也会降低效率。近年来，行业分工日益精细，在银行总行层面兴起建设行业经理队伍的趋势，包括行业客户经理和行业风险经理。行业经理队伍建设非常必要，但不应过细、过专。对中等规模的银行来讲，一个行业经理可负责2~4个行业。如果只负责一个，则对行业经理个人发展不利（其知识面和技能会越练越窄），对银行来讲也不经济。应加强对总行行业客户经理的考核，将其收入与所负责行业的营销情况、绩效情况挂钩。对总行行业风险经理的考核，应将其收入与所负责行业的项目审批通过率、不良贷款指标等挂钩。特别是要防止风险经理没造成一笔不良但也没审批通过一个项目的情况。

八、处理好"关系"

中国是个关系社会。关系处理好了、理顺了，也是一种生产力。总分行关系、总行部门间关系（营销部门与风险部门等）、支行间关系、银行与外部（监管者、政府、股东、客户等）关系等都非常重要，都要处理好。这可借鉴儒家的思想。我国的五四运动是从打倒"孔家店"开始的，但最近在北京国家博物馆北侧立起了孔子像，与天安门上挂的毛主席像斜角相对。我个人想，这真是对共和国缔造者莫大的讽刺。但仔细一想，也就释然了。就像汉代贾谊在《过秦论》中说的"攻守之势异也"。我党夺取全国政权前，要的是打碎既有秩序；改革开放后，要的是维持既有秩序。重新抬出孔子，虽以继承传统文化为借口，但恐怕更看中孔子学说中的"秩序"：君君臣臣、父父子子、三纲五常、各安其位。我们处理上面所说的各种关系，也就是让每个部门、每个人处于合适的位置上，既认清自己的位置，也尊重别人的位置。我们现在讲和谐，处理好关系就是和谐。什么是和谐？人人皆能畅言（谐，即皆言），人人皆能足食（和，即谓禾入口，引喻为吃饭）。换句话说，只要精神愉悦，财富充盈，就能和谐。

九、走出网点建设的"怪圈"

走出本地，做一家区域性乃至全国性银行，是很多城商行的战略选择。出发点无非是扩大规模、扩大影响、增加效益来源。我们看到，中等规模的银行再增加网点也不会赶上工、农、中、建。很多新网点都没摆脱"第一年发展迅速、第二年速度停滞、第三年归于平淡"的"三年规律"。原因就在于银行网点建设的模式存在问题。成立一家新机构，其负责人无非来源于以下两种方式：由当地监管部门推荐，或从当地其他银行"挖"有资源的人。因本行不熟悉当地环境，因而很少采取直接派人的方式。当地来的有资源的人，在用尽资源后，业务也就发展不上去了。因此，在新网点建设上，应追求一种内涵式的增长道路，要靠品牌、业务来实现持续增长。当然，对新网点来讲，生存是第一要务。在起步之初，仍要靠有资源的人。但这个有资源的人，不能仅有资源，还要有"想法"。能在生存问题解决后，带领网点向前发展。

十、进行人员交流

"屁股指挥脑袋。"一个人在某个位置上干久了，会丧失激情，对个人成长也不利。即使从保护干部角度考虑，也应加强交流工作。交流应成为一项制度，也应有相应的制度来规范、做保障。可在总行与支行、支行与支行、总行不同部门岗位、支行不同部门岗位之间进行交流。执行时，要保证被交流人员有职有权，避免交流人员工作行为的短期化倾向。把岗位交流与人才发现、人才培养结合起来。总行机关人员，一定要强调基层工作经验。只有这样，他们才能知道基层同志赚钱不容易，才能知道基层工作的辛苦。没有基层经验的刚毕业的学生，要到基层工作一段时间。

十一、构建外部网络

客户需求是综合性的。对一些金融控股集团或大金融企业来讲，满足客户的综合性、全方位、多角度的需求是不成问题的。但对城商行来讲，由于缺少信托、金融租赁、直接投资、资产管理、保险等金融服务功能，在与大银行的竞争中往往处于劣势。新建类似的机构，要么不符合监管要求，要么因自身实力有限而一时半会儿建不起来。对城商行来讲，现实的做法是按照利益共享、相互优先的原则，选择一些机构建立战略合作伙伴关系，充分利用外力来拓展并维系自己的核心客户群体。

十二、加强品牌建设，提升社会影响

很多演员演技不怎么样，但由于经常在电视上露脸，观众就以为其是名演员。对银行来讲，道理是一样的。国内银行就功能来讲都差不多，无非是提供融资（各类贷款）、融信（票据、保函、信用证等）和融智（理财、现金管理等）三类服务，但有些银行社会影响很大，有些却默默无闻。何也？这与重视不重视品牌建设有关。比如包商银行，本是偏居一隅的小银行，但通过在畅销书中加广告页等方式扩大了影响。又如泰隆信用社，通过召集研讨会方式并在《金融时报》上发专版等方式造势。银行应通过恰当的造势，增强自己的"软实力"。当然，在互联网时代，一个硬币有两面，负面消息传播得更快。对银行来讲，打造深厚的"内功"是基础。同时，做好危机管理也非常必要。

十三、重视经验，尊重员工

毛主席曾说过，"我们共产党人是靠经验吃饭的"。可见经验之重要。对银行来讲，不宜妄自菲薄，要重视自身在长期发展中积累起来的经验，尤其是来自基层的经验。国内很多机构动辄聘请国际知名的咨询公司，花了很多冤枉钱，成效却不大。当然，听取外部人士的意见是必要的，想通过外部咨询公司来说出自己不便说的话也是应该的。但一定要记住，"世上从来没有救世主，也不靠神仙皇帝"，要靠我们自己。此外，我们常说银行要"以客户为中心"。其实，对外这样宣传可以，但我们一定要知道，我们需要的是"要让客户以银行为中心"。只有具有让客户围着银行转的能力，银行才能赚钱。试想，处处围绕客户转的银行能提高与客户的议价能力吗？银行应该以员工为中心。员工得到尊重，心情自然就会舒畅，自然就会积极服务客户。可见，以员工为中心是工作的出发点，以客户为中心只是结果。在工作中，切忌本末倒置、缘木求鱼。

十四、重视战略谋划

"不谋一世者，不足谋一时。"银行应构建自己的战略愿景，并为实现战略愿景勾画出清晰的路线图。我们目前在哪里？（新员工还应知道：我们从哪里来？）我们要往哪里去？我们怎样才能到达我们要去的地方？这些问题是任何一个组织都应能够清晰回答的。没有希望，就无法产生动力；没有目标，就没有必要组成团队（组织、企业等）。毛主席在《为人民服务》中讲过："我们都是来自五湖四海，为了一个共同的革命目标，走到一起来了。"现在，对在一个企业中工作的全体干部员工来讲，也应该是为着一个共同的愿景走到一起来，并为实现这个愿景共同努力工作。领导者的任务就是告诉员工这个愿景是什么，并带领大家实现这个愿景。

（六）投资价值分析报告

风华化肥公司是一家集团控股的上市公司，目前已经与银行建立了初步的合作关系。银行接受化肥公司的委托，为其进行投资价值研究，供广大投资者参考。下面是银行提交的投资价值分析报告的摘要。

专栏 7－13

中国化工业的先锋　民族化工业的骄傲
——风华化肥股份有限公司投资价值分析报告

第一部分　辉煌的成长历程

第二部分　独特的行业优势

（一）化肥在农业生产中具有重要作用

（二）成长性高

（三）政策支持力度强

（四）包括化肥在内的整个石化产业是国民经济发展的重要推动力量

第三部分　丰富的内在价值

（一）实力雄厚的集团背景

（二）集团精华的凝聚

（三）产品优势

（四）经济和技术优势

（五）原料优势

（六）管理优势

第四部分　优质的财务状况

（一）资产与股东权益情况

（二）盈利能力分析

（三）偿债能力分析

（四）营运能力分析

第五部分　广阔的发展前景

（一）积极进取的发展战略

（二）市场拓展战略

（三）产业发展战略

（四）资本扩张战略

（五）生产经营战略

（六）投资项目投资少、见效快、经济效益显著

（七）独具特色的核心产业链

第六部分　骄人的市场表现

（一）资产重组题材

（二）配股题材

（三）主业突出，高成长概念

（四）支柱产业和政策扶植概念

（五）高科技产品概念

（六）金融概念

（七）同类绩优概念

第七部分　成熟的投资对象——风险与对策

（一）原材料供应风险及其防范

（二）产品销售风险及其防范

（三）市场风险及其防范

（四）其他风险及防范

第八部分　结论

作为中国化肥行业的骨干生产经营企业，该公司发展潜力巨大。凭借着集资产重组题材、配股题材、支柱产业和政策扶植概念、高科技产品概念、金融概念、同类绩优概念于一身的优质形象，伴随着自身不断的发展扩张和国家新一轮经济增长周期的启动，其经营实力和盈利能力必将稳步提高，也必将会给广大投资者带来满意的回报，值得投资者予以关注及作中长线投资。

（七）综合顾问服务报告

如果向客户提供的是全面的顾问服务，客户经理就应向客户提供一揽子顾问服务报告。提交时最好装订成册，并加盖银行公章。综合顾问服务报告的内容应该尽可能翔实，下面列出的是一份综合顾问服务报告的目录。

1. 客户背景

东禾化肥集团位于河北省，拟通过收购千岛乙烯公司组成新东禾集团，并与万发化肥集团联合组建华成集团。石油化工行业属于战略产业，对其进行资本运营需获得政府部门的大力支持。在提供服务过程中，银行除同企业密切接触、收集相关材料外，还同政府部门进行了接触。最终向东禾化肥集团提供了综合顾问服务报告，并将报告转呈给了当地政府。

2. 综合顾问服务报告示例（目录）

专栏 7-14

东禾化肥集团顾问服务报告（目录）

卷一 《东禾化肥集团发展战略》研究报告

总报告

1 研究目的及东禾概况

2 新东禾集团竞争优劣势分析

2.1 企业状况

2.2 新东禾集团组建的协同效应

2.3 收购千岛乙烯公司的价格及财务影响

2.4 新东禾集团的竞争优劣势分析

3 新东禾集团未来市场定位

4 新东禾集团达到目标的方案选择

5 方案实施后的效果预期及竞争对手的可能反应

---

6 保证方案成功实施的举措与策略

7 新东禾集团及华成集团对化学工业行业的影响及建议

报告一 化肥和乙烯行业研究

一、化肥行业研究

1 国际市场

1.1 国际化肥生产消费现状及趋势

1.2 世界化肥市场需求预测

1.3 国际化肥价格

1.4 进口化肥竞争力分析

1.5 国际化肥企业成功的经验

2 国内市场

2.1 国内化肥生产及消费现状

2.2 国内化肥需求预测

2.3 国内化肥价格

2.4 主要化肥生产企业的竞争能力分析

2.5 国家有关化肥工业的发展原则和政策措施

2.6 主要原材料的需求和市场趋势

3 影响我国化肥工业发展的因素

3.1 进出口因素

3.2 国际市场竞争因素

3.3 技术发展因素

3.4 产业结构调整因素

3.5 宏观调控因素

4 化肥工业发展趋势分析及判断

二、乙烯行业研究

1 世界乙烯工业的现状及发展趋势

1.1 世界乙烯的生产及消费现状

1.2 乙烯工业及衍生产品的消费及市场走势

1.3 世界乙烯工业发展趋势

1.4 乙烯主要原料结构及市场走势

1.5 主要竞争对手分析及扩建计划

2 中国乙烯工业

2.1 中国乙烯工业现状分析

2.2 中国乙烯及乙烯衍生物市场走势分析

2.3 主要原料的需求结构及市场走势

2.4 乙烯工业发展规划

2.5 影响我国乙烯企业市场竞争力的因素分析

2.6 中国乙烯工业未来 20 年发展与判断

报告二　东禾集团经营及发展研究

1 东禾集团基本情况

1.1 概述

1.2 产品结构和生产能力

1.3 产品市场

1.4 原料

1.5 技术水平

1.6 财务状况：主要指标完成情况

1.7 发展潜力

2 经营的技术经济评价

2.1 资产结构和效益分析

2.2 产品成本构成及分析

2.3 竞争状况

3 存在问题及解决方案

3.1 装置节气、节能、增产改造

3.2 化肥品种的结构调整

3.3 衍生品的深加工改造

4 构建企业可持续发展的核心优势的方案

1. 石油化工国内外发展情况及在河北省的地位

2. 河北省进行石油化工产业重组的做法、成效及经验

3. 意见与建议

建议与方案二　东禾集团项目重组方案

建议与方案三　千岛乙烯36万吨改扩建项目筹融资方案

建议与方案四　千岛乙烯扩能方案比较

建议与方案五　千岛乙烯外债风险管理方案

1. 公司现有外债结构及余额

2. 公司外债所面临的风险

3. 当前外汇市场走势分析

4. 市场上可选择的避险工具

5. 初步建议

六、正式建立合作关系

银行与客户是否真正建立了合作关系，关键要看是否具备了合作关系必备的条件。条件主要包括：双方签署了合作协议书及其他相关合同文本；客户经理（及银行的有关领导）与目标客户的法人代表（或有关负责人）建立了良好的个人感情关系；客户在本银行开立了基本账户或专用账户；银行与客户建立了全方位、基于科技手段的互相依存关系；客户大量、连续、持久地使用本银行金融产品及服务，银行既能满足目标客户的现实金融需求，又能引导目标客户的潜在需求，即建立了忠诚客户关系。

七、合作关系的定期评价

与客户通过产品提供建立合作关系后，客户经理应定期对客户进行价值评价，以确定下一步的营销方向，尽可能多地从该客户身上获取收益。如果该客户价值基本丧失，客户经理应考虑在适当时候退出，

对自身所掌握的客户进行结构调整。

表 7 - 5　客户价值分析表

客户名称：　　　　　　　　　　　　日期：

社会效益				
第一年与本行合作情况	业务品种	金额	占所有银行业务的比重	情况分析
	存款			
	贷款			
	客户信用评级			
	授信额度			
	人民币结算量			
	国际结算量			
	利差收入			
	中间业务收入			
	累计净收入			
	交叉销售1：____.			
	交叉销售2：____.			
	客户业务紧密度	产品数量		
第二年与本行合作情况	存款			
	贷款			
	客户信用评级			
	授信额度			
	人民币结算量			
	国际结算量			
	利差收入			
	中间业务收入			
	累计净收入			
	交叉销售1：____.			
	交叉销售2：____.			
	客户业务紧密度	产品数量		
与本行合作历史简要回顾				

续表

社会效益				
客户自身发展趋势分析	业务品种	金额	占所有银行业务的比重	情况分析
	行业状况		区域情况	
	财务状况		管理情况	
	经营情况		简单总结	
在本行发展战略中的地位				

注：对于与本行尚无业务往来的客户，可不填写"前年、去年与本行合作情况"部分。

表7-6 客户年度合作评价表

客户名称：　　　　　　　　　　　　　　　　日期：

客户级别		与本行合作年限		客户信用评级		
与本行合作情况	业务品种	金额	比上一年度增加（或减少）	本行在客户与银行合作业务总额中的占比		原因分析
	存款					
	贷款					
	承兑汇票					
	贴现					
	其他1					
	其他2					
	其他3					
	交叉销售1					
	交叉销售2					
客户对本行贡献度（单位：百万元）	利差收入		中间业务收入		累计净收入	
	简要评析					
合作总体评价	对本行产品是否满意			对本行服务是否满意		
	对本行提出了哪些新的产品需求			综述：		
	存在主动营销/交叉销售哪些产品的机会					

下一年与该客户合作的计划与建议	今年对客户拜访频率		明年计划对客户拜访频率	
	为扩大业务合作需要银行提供的资源			
	明年拟采取的营销措施			

第八章
客户关系的维护

能向客户提供服务意味着双方合作关系的正式建立。如果要想使这种关系持续下去，就必须不断地加以维护，即对客户的决策者、组织机构、业务进展和银行的全部销售努力以及双方的合作进展进行全程监控。另外，现有的客户是最好的广告，能有效地扩大客户经理的客户源。总之，应像培育客户那样重视客户关系的维护。失去一个客户比获得一个客户更容易。

维护主要是对核心业务的维护，当然必须附之于附加产品及人际关系的维护。维护的目标在于保持和扩大这种合作关系，并建立对银行和客户都有益的长期稳定的合作关系，获得双方合作基础上的最大利益。由于每位客户经理负责的客户有很多，客户经理不能平均分配精力来维护每一位客户，客户经理应重点维护那些对银行来讲十分重要的客户，包括那些对银行服务很满意的客户、业务量很大的客户、合作期限较长的客户及难以打交道的客户。

第一节　维护客户关系的基本方法

一、追踪制度

追踪工作的目标是保证并提高客户使用银行产品的满意程度，维护银行与客户关系的正常化及其稳定和发展。具体策略有：

（1）向客户提供有用的各种信息，包括客户产品的市场信息、有关的宏观经济信息、新的业务机会及对客户有用的其他信息。

（2）提供产品过程中讲求质量、效率，力求让客户满意。

（3）通过电话、书信等途径与客户保持沟通。

（4）随时将银行业务开展及内部管理方面的最新进展告知客户。

（5）在每次追踪活动结束后尽快更新原有的客户记录。

（6）推动客户经理间关于客户服务的交流活动。

（7）对客户的决策者、财务结构、运行状态进行监测，并及时作出反应。

（8）根据客户的日程安排追踪活动。

（9）让客户得到心理上的满足，客户经理应既会做事，也会做人。

二、电话或邮件维护

电话或邮件维护是最常见和成本最低、同时也是最难将追踪活动转化为值得记忆的体验的一种追踪方式。具体策略有：

（1）在拜访刚刚结束不久就打电话或寄邮件给客户，或表示感谢，或询问一些问题。

（2）强调个性化，如提供一条能引起客户注意并激起兴趣的信息，以便给客户留下深刻的印象。

三、温情追踪

每个人都喜欢别人的感谢，客户经理要让客户知道你感谢他们，最常用的方式就是通过打电话或写短信来表示感谢。温情追踪的要义在于让客户意识到你在感谢他。在表示感谢的时候应特别注意用语。

四、产品跟进

客观上不存在永远忠诚的客户，只有依靠高质量的产品服务和必要的感情维系，才能保证客户不丢失。具体策略有：

（1）承诺的服务坚决履行到位，如遇特殊情况导致有的产品服务跟不上，客户经理必须主动向客户说明情况，取得客户谅解。

（2）不仅向客户提供协议中规定的产品服务，客户经理还应围绕客户的新需求，动用自身及银行所有资源，尽力创造新的金融产品。有时遇到对客户有用的信息或有了一个好的想法，客户经理都应及时通报给客户。

五、扩大销售

扩大销售指的是向现有客户提供另外的银行产品或服务。当银行推出新产品或有新的服务举措时，客户经理应及时通报给现有客户。具体策略有：

（1）通过开发那些提高业务一体化和客户便利程度的产品来扩大同客户的合作范围。

（2）客户经理应当了解每件新产品是如何实施的，了解哪一件新产品适用该客户。

（3）当某种银行服务获得客户认可后，再适时提出新的服务品种。

六、维护拜访

维护拜访是对现有客户的再拜访。具体策略有：

（1）拜访前应参考过去的拜访报告、客户卷宗、前次拜访的记录以分析和评估与客户的现有关系。

（2）维护访问中应注重发现新的问题，因为新问题往往意味着新的机会。

（3）在访问时，应征询客户对使用银行产品的满意程度及对前一时期双方合作的看法。

（4）访问将近结束时，与客户约定下次见面的时间。

（5）加大拜访的频率。

七、机制维护

通过建立银行与客户间的双向沟通机制来维护双方的关系即机制维护。具体策略是客户经理在做好自身对客户维护服务的同时，应注意做好本银行高层与客户高层的协调、交流工作，由此建立一个双方关系的维护机制。

八、差别维护

客户经理针对产品服务的性质内容、客户类型等确定维护重点。对重点客户、典型客户进行重点维护，做到急事急办、特事特办、易事快办、难事妥办。对一般客户、普通客户进行一般维护。在采用此法进行维护时，重点要考虑银行产品服务的特性：存款的维护重点在于安全及收益最大化，顾问服务重点在于能给客户带来启迪与收益，而贷款则讲求资金到账速度等。同时注意为客户提供其他银行目前尚不能提供或虽能提供但本银行仍有差别优势的金融产品。

九、超值维护

超值维护即向客户提供超出其心理预期的、具有人情味的服务。具体策略有：

（1）让客户体会到银行所提供服务的文化品位，使其感到与众不同。

（2）加重对客户的感情投资，在常规的金融维护之外，关注并随时解决客户日常生活中遇到的问题。

（3）依靠集体的氛围、个人的敬业精神、高超的业务技能、良好的修养与文化素质感召客户。

（4）开展知识维护，提升服务档次，运用新知识、新产品赢得客户尊重。

（5）记清客户的重大节日及主要负责人的生日，到时候应有所表示。

（6）注意同客户的感情维系。

十、招待宴请客户

宴会有正式宴会、便宴、中餐宴会、西餐宴会、欢迎宴会、答谢宴会、饯行宴会等多种形式。客户经理根据需要可组织不同形式的宴会，比如：针对刚接受银行服务的客户，可组织欢迎宴会；针对银行的现有客户，可组织答谢宴会；如果客户负责人高升，则可组织饯行宴会。

客户经理组织宴会，需注意：

（1）确定宴会的目的与形式，并根据目的决定邀请什么人、邀请多少人，并列出多少人，注意主宾对等。

（2）宴请时间不应与客户的工作、生活安排发生冲突，要尽量避开客户的禁忌日。

（3）宴请地点视交通、宴请规格、客户喜好而定。

（4）提前1~2周制作请柬，发出邀请。即使是便宴，也要提前几天打电话告知。

（5）宴会规格根据出席者的最高身份、人数、目的等因素确定。确定规格后，选择饭店并与饭店人员共同拟好菜单。

（6）按尊卑位次安排席位。安排多桌宴会时，要确定主桌，并根据离主桌的远近安排尊卑位次。每张桌上的人员安排一般10人为限。

（7）宴请当日，客户经理应在门口迎接，并引领至宴席上。重要人物，还要先引领至会谈室或休息室。

十一、联谊活动

联谊活动包括与客户共同举办联欢会、邀请文艺团体为重要客户举办专场文艺晚会、向重要客户赠送某场晚会门票等。如果是双方共同举办，应确定联欢主题、时间、场地、节目、主持人并在正式活动前进行若干次彩排。

十二、安排客户参观自己所服务的银行

安排客户来参观有利于客户更好地了解自身服务的银行。客户来参观，应重点做好以下准备：准备好宣传用的小册子；放映视听材料；引导客户参观，选择好参观路线；安排好参观过程中的休息事宜；分发纪念品；征求客户的意见。

第二节　强化同客户的合作关系

一、完善制度

（一）建立《客户名册表》，对不同的银行客户实行差别对待

不同客户对银行的意义有所不同，客户经理应根据业务开展情况及客户对银行的重要性来对客户进行重要性排序，并将客户按级别记入客户名册表中。

表 8 - 1　客户名册

客户名称	客户地址	联系人及联系方式	存款额（万元）	贷款额（万元）	非风险业务开展情况	合作关系评价	业务合作方向	改进合作关系建议	客户重要程度	档案编号

（二）建立客户经理一日工作报告制度

为使维护工作有条不紊地进行，应建立客户经理一日工作报告制度。在每天开始，客户经理都应做一下时间规划，确认哪些是首要任务，哪些是次要任务，哪些是相对而言不太重要的任务，准备拜访哪

几位客户，准备取得什么效果。为保证首要任务能高效地完成，客户经理应根据事务的重要和紧急程度安排处理的时间。在每天工作结束时，客户经理应该扪心自问如下问题：

（1）我今天拜访了几位客户？

（2）我今天达到或超过制定的目标了吗？

（3）我实际投入的时间和计划使用的时间一样多吗？

（4）我浪费了多长时间来处理与工作无关的事情？

（5）明天我将如何改进工作？是再度跟进，还是决定放弃？

二、发现不良征兆

客户经理要善于发现影响客户关系的征兆，并及时加以修补。客户关系产生裂痕的征兆主要有：

（1）客户经理喜欢与客户争辩，而且总想辩赢对方。

（2）客户经理按照自己的价值观去判断客户且付诸实践。

（3）征求客户的意见却又不采纳，并被客户知晓。

（4）多次指出客户的缺点甚至不足，引起客户的反感。

（5）只讨好对自己有帮助的人，对客户方的其他人员不热情。

（6）当对自己有帮助的人已无利用价值时，碰面时也会设法避开。

（7）不喜欢与自己意见不合的客户碰面及交谈问题。

（8）客户经理因为自己有事而变更约定时间却不向客户解释、道歉。

（9）客户有困难，但这些困难只要与自己无关系就设法回避。

（10）为人处世表里不一且为客户发觉。

（11）同客户见面的间隔时间拉长、次数变少，且客户变得不热心。

（12）接到客户的抱怨。

（13）听到客户已开始与其他银行接触的消息。

三、掌握银行同客户的业务往来情况

作为客户关系维护的基础资料，客户经理应能及时掌握银行与客户的业务往来情况。

表8-2 银行与客户业务往来情况表

年　月　日　　　　　　　编号：

户名：　　　　　　　　　　　　　　是否将基本户开在本银行：

客户级别：　　　　　　　　　　　　客户的其他往来银行：

往来账户	账号	
	结算量	万元
	存款量	万元
	贷款量	万元
	本银行账户往来业务量占其整个业务量的比重	%
贴现	累计贴现量	万元
	本银行贴现业务占其贴现业务总量的比重	%
国际结算	累计国际结算量	万美元
	其中：结汇	万美元
	售汇	万美元
	本银行国际结算量占其国际结算总量的比重	%
信用卡	信用卡平均存款每月余额	万元
	商户 POS 机流水	万元
	本银行信用卡业务占其信用卡业务总量的比重	%
其他	其他业务量	万元
业务量评价		

四、提高客户对银行服务的满意度

维护客户关系的一个重要的方面是提高客户对银行服务的满意度。客户的满意度是与客户对服务的期望值联系在一起的，当客户得到的服务超过他的期望时，就会感到满意，否则就会感到不满意。当客户的不满意逐步增大时，将会威胁到银行同客户的合作关系。客户的不满意有时不会直接提出来，有时则会通过投诉或不再使用银行产品的方式向客户经理提出来。对第一种情况，客户经理可通过定期拜访客户的方式对客户的不满进行了解，即通过向客户询问对某项维护的感觉及为什么满意或为什么不满意来获得答案。由于客户一般不愿谈出真实感受，故应讲求询问的方式方法。对第二种情况，客户经理必须协调银行内部有关部门对投诉尽快作出恰当反馈。

客户的满意度分为对客户经理的满意度和对银行业务的满意度两种情况。客户经理对这两种形式应区别对待。对客户经理来讲，要给客户提供超过其期望的产品和服务，取悦和震惊自己的客户。

五、恰当处理客户的抱怨

客户对银行提出抱怨，表明双方的合作关系已经出现明显裂痕。客户经理对此必须予以高度重视。客户的抱怨内容及银行对此的处理结果均应填入专门表格中，作为档案备查，也为了保证今后客户不再出现类似抱怨。

表8－3　客户抱怨及处理记录卡

客户名称：

投诉客户名称		投诉客户联系方式	
投诉受理日期		投诉受理人	
发生时间	年　月　日	解决时间	年　月　日
抱怨内容：		原因与经过：	

续表

对策与结果：	备考：

客户经理签字：

年　　月　　日

表 8-4　客户投诉统计

投诉		客户名称	投诉内容	责任划分	处理方式	客户反映
编号	日期					

在处理客户抱怨、纠纷的过程中及处理完毕后，客户经理都应遵守一些行事准则，主要有：

（1）应让客户产生这样一种感觉：客户经理在认真对待而不是敷衍客户提出的各种抱怨，并且抓紧对这些抱怨进行事实调查，没有采取不负责任的态度，也未拖延时间。

（2）不对客户说"责任不在我"一类的话，以"客户总是有理的"作为基本原则。给客户以充分的道歉，因为道歉并不意味着客户经理错了，重要的是如何解决问题而不是让问题蔓延。应向客户解释，你已了解他的问题，并问他是否确认。要善于把客户的抱怨收集起来。

（3）站在客户的立场上看待客户提出的抱怨。让客户发泄，自己闭口不言、仔细聆听，但不要让客户感到是在敷衍。

（4）在未证实客户说的话不真实之前，不要轻易下结论，不责备客户总比责备客户好一些。即使责任出在客户一方，也不可抨击客户及客户方的相关责任者，不能对客户表露出不满，应对客户的抱怨采取宽宏大度的态度。客户有时候会省略一些他认为不重要但实际十分重要的信息（当然有些信息客户也可能是故意隐瞒），客户经理应该能够判明：当时的实际情况是什么，客户需要的到底是什么，客户对品质评判的标准是什么等。

（5）要向客户提供各种方便，尽量做到只要客户有意见，就让他当面倾诉出来，同时善于发现客户一时还没有表示出来的意见和不便提出的问题。

（6）不要向客户做一些不能兑现的保证，也不要做出不切实际的许愿，以免在今后的交往中引发更大的纠纷。

（7）当客户正在气头上时，客户经理唯一要做的就是保持冷静，不要再刺激客户以免引发更大的怒气。当客户气消后，要征询客户的意见；如果客户经理提出了解决方案，客户经理应征求客户对该方案的意见。

（8）对帮助解决不满与纠纷的相关者表示感谢。感谢不光表现在口头上，更要落实在行动上，比如送些小礼品、经常打个电话、抽时间上门拜访一次等。

（9）事后不对处理决定提出评判性意见，不同意见应在解决之前提出。

（10）以和过去相同的方式拜访客户，对曾经让自己碰钉子的客户也不要躲避。

（11）绝对不让同样的抱怨、纠纷问题再次发生。

（12）将已发生的客户抱怨、纠纷问题作一总结，避免今后再发生类似的错误。

（13）即使事情过去很久也不可掉以轻心，应时时牢记在心。

（14）加强对客户的主要决策者、组织机构、管理体制、经营状况和财务状况的动态监控。

（15）及时向银行风险控制部门提出产品变更建议，建议可以是扩大销售，也可以减少或停止产品提供。

六、强化同客户的合作关系

客户经理不光能被动地处理抱怨，更应主动地强化同客户的关系。

表 8-5　客户维护访问计划安排

客户级别	客户名称	访问频率安排（次/每年）	拟拜访人员
核心客户			
重点客户			
一般客户			
目标客户			

表 8-6　强化客户关系计划卡

客户名称								
客户内部关系人	客户竞争潜力				强化对策			
	推动的影响力	竞争银行	竞争银行关系人及职务	与客户内部关系人的关系	强化负责人	访问频率（次/季度）	强化策略	检查对策
董事长								
副董事长								
总经理								
副总经理								

客户名称								
客户内部关系人	客户竞争潜力				强化对策			
	推动的影响力	竞争银行	竞争银行关系人及职务	与客户内部关系人的关系	强化负责人	访问频率（次/季度）	强化策略	检查对策
部长								
副部长								
外围关系人								
其他关系人								

注："与客户内部关系人的关系"指竞争银行的关系人与客户内部起主要推动力的关系人的关系，如亲戚、朋友、有相同爱好、家属等。

七、经常检查自己的行为

为保证客户关系不受损害，同时也为了提高自己维护客户关系的水平，客户经理应对自己的行动经常进行检查。检查内容如下：

（1）是否只是拜访特定的客户，且超过必要的拜访次数？

（2）在客户处停留的时间是否过久，以致影响到客户的心情乃至工作？

（3）用电话就可解决的事情是否也故意登门拜访？

（4）是否应该拜访的客户，很少拜访；不必经常拜访的客户，却频频拜访？

（5）是否拟订拜访客户的计划，同时努力按计划进行？

（6）对客户拜访前，是否明确了拜访目的？

（7）是否只拜访距离较近或接待态度较好的客户？

（8）和客户主要决策人洽谈的次数占同该客户总洽谈次数的比重？

（9）客户拒绝后是否再拜访过？

（10）会不会觉得拜访客户是很沉重的负担？

（11）本次拜访是否比上次拜访更有成效？

（12）自己负责的客户数量是否减少？

八、维护客户关系的其他技巧

（1）管理不同客户的差异，塑造客户恰当的期望并从细微之处满足客户的期望。

（2）用尊重的态度对待客户，站在客户的角度思考问题，帮助客户解决现实存在的问题。

（3）与客户通过业务联系逐渐发展成朋友关系，不能仅仅停留在业务联系层面上。

（4）用公平而非最低的价格向客户提供银行的产品与服务。

（5）节约客户的时间。

（6）尽早消除客户不好的体验和感受，将客户愉悦的感觉细分，以拉长使客户愉悦的时间；同时将客户不悦的感觉整合，以缩短客户不悦的时间。

（7）追求付出和获得之间的平衡，不能要求客户对银行友好、忠诚以及尊敬的同时，却没有回报给客户相应的友好、忠诚以及尊敬。

（8）产品满意度与生活满意度密不可分，客户经理应该双管齐下，"走进客户的生活"。

第三节　加强客户风险的管理

一、信贷客户风险主要是信用风险

从理论上讲，信用风险是指债务人或交易对手未能履行合同所规定的义务或信用质量发生变化，影响金融产品价值，从而给债权人或金融产品持有人造成经济损失的风险。它包含两层含义：一是债务人未能如期偿付其债务而造成违约，进而给经济主体带来风险；二是实际虽未违约，但当交易对手的履约能力及信用质量下降时，也会存在潜在的损失。

对信贷客户而言，所谓信用风险，就是信贷客户无法按期归还贷款本息而给银行带来损失。相对于资金交易、投资银行业务来讲，信贷客户是银行中数量最多的客户，因而信贷客户的信用风险就成为银行最宽泛、最基础、也最明显的风险。我们搞信贷审批，搞风险控制与管理，重点内容之一是要管理好信贷客户的信用风险。

二、管理客户风险的基本原则

客户风险管理是指通过获得客户预警信号，发现客户潜在或显现的问题，及时采取相应对策，最大限度地维护银行的利益及银行同客户的合作关系。

（1）动态全程而非静态间断。当对目标客户开展营销工作时，风险预警与监控工作也就开始了。客户风险预警与监控工作贯穿客户拓展工作的全过程。尤其在合作关系建立后，客户经理更应密切关注客户出现的各种预警信号，以确保银行资产的安全及客户关系的健康发展。

（2）对客户综合风险进行预警监控，而不是对单一产品风险进行预警监控。客户风险有产品风险、技术风险、竞争风险等多种表现形式。客户经理对客户风险的管理应涵盖各种风险表现形式，而不是对某一种单一风险的管理。

（3）由被动的事后监控变为主动的事先防范和事后监控相结合。

三、客户风险的处理策略

（一）风险预防

风险预防是一种积极的风险处理方式，它通过识别、分析和消除可能导致客户风险发生的各种直接因素和间接因素，达到防患未然的目的。

（二）分散风险

分散风险是将风险分散到彼此独立，关联度较小的不同性质、不同类别的业务上，或不同特点的业务品种上。也就是俗语所讲的"不要将所有的鸡蛋放在同一个篮子里"。包括：资产种类分散、行业分散、地区分散、资产质量分散等，分散的途径就是不要把信贷业务集中于同一类性质或同一类行业或同一类地区的借款人，也就是说要使授信对象多样化。如果授信对象有集中化的趋势，则应通过资产转让方式予以优化。银团贷款也是分散授信风险的重要方式。授信对象多样化后，借款人违约的信用风险就可被视为相互独立的，而根据马柯维茨的资产组合管理理论，只要组成资产的个数足够多，其非系统性风险就可通过分散化的投资加以消除。

（三）消减风险

消减风险即采取适当的措施来减少风险的损失，乃至消除风险。例如：针对客户可能面临的利率风险和汇率风险，银行可帮助客户通过期货交易、期权交易、互换交易（货币互换和利率互换）、无期限协议及套期保值等交易方式来消除和减少风险。

（四）摆脱风险

摆脱风险就是与风险有关的各个方面完全摆脱关系，与高风险客户完全脱离关系，不再与高风险客户打交道。

（五）关注风险

在风险爆发之后，加强对风险因素的关注，注意事态向不利方向变化的信号，在风险扩大之前尽早采取预防措施，防止事态进一步恶化。

（六）转移风险

转移风险是通过一定的交易方式和业务手段，将风险尽可能转移给其他经济主体。例如：客户从事证券投资业务时存在市场风险，银行可提醒客户可能存在的风险，并帮助客户通过证券交易将其所持的证券资产转化为货币资产，从而将客户面临的市场风险转移到交易市场内的其他公司。从理论上讲，风险转移的方式主要有追加担保、保险转移等。所谓担保，就是银行在发放贷款时，要求借款人提供第三方信用担保作为还款保证，若借款人在贷款到期时不能偿还全部贷款本息，则由担保人代为清偿。所谓保险转移，是指银行通过投保，以缴纳保险费为代价，将风险转移给承保人。当被保险人发生风险损失时，承保人按照保险合同的约定责任给予被保险人经济补偿。

（七）风险对冲

这是消减乃至摆脱风险的重要方法。是指通过投资或购买与标的资产收益波动负相关的某种资产或衍生产品，来冲销标的资产潜在的风险损失的一种风险管理策略。风险对冲原来主要应用在利率风险、汇率风险和股票风险的管理上，近年来随着信用衍生品的发展，也被用来管理信用风险。风险对冲可分为自我对冲和市场对冲两种情况。前者是指银行利用资产负债表或某些具有收益负相关性质的业务组合本身所具有的对冲特性进行风险对冲；后者是指对于无法通过资产负债表和相关业务调整进行自我对冲的风险，只能通过衍生品市场进行对冲。

（八）风险规避

风险规避是指银行拒绝或退出某一市场或业务，以避免承担该市场或业务具有的风险。在银行风险管理实践中，主要通过经济资本配置来规避风险。该种规避方式，最终体现为对某一类业务或某一个市场的限额。对于银行不擅长因而不愿承担的风险，银行设置非常有限的风险容忍度，并配置非常有限的经济资本，迫使业务部门降低对该业务的风险暴露，甚至完全退出该业务领域或该市场。风险规避策略是一种消极的风险管理策略，除非对特别不擅长或的确较大的风险采取此种策略外，一般不应采用。因为银行离开了风险，也就失去了收益。银行是经营风险的，应该从经营风险中获取收益。

（九）风险补偿

对那些无法通过风险分散、对冲或转移进行管理，而又不得不承担、无法回避的风险，银行可通过在交易价格上附加风险溢价，即通过提高风险回报的方式获得承担风险的价格补偿。银行一般会在金融资产的定价中预先考虑风险因素，通过加价来索取风险回报。较为常见的例子是银行对信用等级较低的客户通常采取贷款利率上浮的定价方式。

四、建立客户风险管理机制

（一）建立客户档案

通过接触客户，收集和整理客户信息，建立起完备的客户档案，为银行提供分类研究客户风险的最为直接、可靠的资料，使银行能够在进行售后服务的同时对客户进行连续的动态监控。

（二）把握客户需求的变化

及时把握客户需求的变化，包括客户对新产品需求的变化、对风险规避需求的变化等。在客户提出风险规避需求时，银行有责任帮助客户对面临经营的风险进行诊断分析、确定风险标的、并对风险可能带来的损失进行量化的确定和识别，从规避风险的方案中择优选定出最佳策略。

（三）建立客户风险管理责任制度

根据市场经济的规律和利益驱动的原则，银行内部实行责权明确、合理确定职能的客户风险管理奖惩责任制，使防范与化解客户风险由外在压力的强制要求，变为内在利益驱动追求的目标。

（四）建立信息与风险研究机构

利用银行各方面人才集聚的优势，建立专业化的信息与风险研究机构，针对客户的基本情况，协助客户经理帮助客户分析市场状况、把握行业竞争的总体态势，做客户的市场顾问，帮助客户预见、规避和化解风险。

五、识别客户风险预警信号

（一）外部环境因素预警信号

（1）所在行业或地区出现整体性衰退。

（2）出现重大的技术变革，影响到行业的产品和生产技术的改变。

（3）政府出台限制行业发展的政策。

（4）经济环境发生变化，出现经济增长乏力或地区出现金融动荡。

（5）国家产业、货币、税收及进出口等宏观政策发生调整。

（6）地区投资环境日趋恶化。

（7）自然灾害或社会灾害影响到客户运营。

（8）行业内产品积压日益严重，产能过剩。

（9）市场需求明显下降。

（10）行业出现整体亏损或行业标杆企业出现亏损。

（11）政府优惠政策停止。

（12）多边或双边贸易政策发生变化，如对进口、出口加以限制和保护。

（13）行业或地区发生重大突发事件。

（14）区域产业集中度高。

（15）区域主导产业出现衰退。

（16）区域主导产业受到国家宏观调控。

（17）地方政府为吸引外来投资，不惜一切代价，提供优惠条件。

（18）地方政府提出与地方自然环境、交通条件等极不相称的区域产业发展规划。

（19）国家政策法规变化给当地带来不利影响。

（20）地方政府优惠政策减少或优惠政策没有、难以落实。

（21）区域内客户的资信状况普遍降低。

（22）区域内企业生产的产品普遍不被消费者认可，出现区域信任危机。

（23）区域内其他银行出现风险，如信贷资产质量下降、信贷规模超常规增长、外部审计机构要求重大整改、发生违纪违法案件等。

（二）财务因素预警信号

（1）不能及时报送财务报表。

（2）应收账款增加过快或回收速度突然放缓。

（3）长期债务或短期债务大量增加。

（4）成本上升或利润下降。

（5）投资项目出现亏损。

（6）所持证券大幅度贬值。

（7）现金大幅减少，净现金流量出现负数，现金流状况恶化。

（8）所有者权益或销售收入降低25%以上。

（9）销售收入连续两年减少，且逐年降幅超过15%。

（10）与上一年或竞争对手相比，税前利润降低5%。

（11）资本金没按比例到位，到位率小于70%。

（12）营运资金大于年销售额的75%。

（13）贷款担保人财务或其他方面出现问题。

（14）产生金额重大的营业外收支。

（15）应收账款与营业收入的变化比例明显不一致。

（16）以存货做担保品。

（17）关联企业的应收款项占比过大。

（18）过分依赖少数大客户。

（19）突然改用其他会计政策。

（20）过于频繁的长、短期投资买卖。

（21）不恰当地确认投资损失。

（22）以明显不恰当的对价进行交易。

（23）与关系人的股权买卖过于频繁。

（24）折旧计提方式突然改变，折旧年限或摊销年限不适当。

（25）固定资产的大幅增加或减少。

（26）固定资产的增加与减少与产量的变化不相适应。

（27）无形资产占总资产比例过高。

（28）无形资产的取得成本不合理。

（29）营业收入增长与产业整体变化明显不符。

（30）非主营业务收入占比过大。

（31）付息或还本拖延，不断申请延期支付或申请实施新的授信或不断透支。

（32）申请实施授信支付其他银行的债务，不交割抵押品，授信抵押品情况恶化。

（33）违反合同规定。

（34）支票收益人要求核实客户支票账户的余额。

（35）定期存款账户余额减少。

（36）授信需求增加，短期债务超常增加。

（37）客户自身的配套资金不到位或不充足。

（38）杠杆率过高，经常用短期债务支付长期债务。

（39）现金流不足以支付利息。

（40）其他银行提高对同一客户的利率。

（41）客户申请无抵押授信产品或申请特殊还款方式。

（42）交易和文件过于复杂。

（43）银行无法控制抵押品和质押权。

（44）客户在银行账户变化的信号。

（45）客户在银行的头寸不断减少。

（46）对授信的长期占用。

（47）缺乏财务计划。

（48）短期授信和长期授信错配。

（49）银行存款变化出现异常。

（50）经常接到供货商查询核实头寸情况的电话。

（51）突然出现大额资金向新交易商转移。

（52）对授信的需求增长异常。

（53）准备金大量增加。

（54）相对于销售额的增长，日常开支增速过快。

（55）过分依赖短缺负债。

（56）贷款申请规模或频率发生急剧变化。

（57）资产负债表结构发生重大变化。

（三）经营管理因素预警信号

（1）管理层行为异常。

（2）财务计划和报告质量下降。

（3）业务战略频繁变化。

（4）对竞争变化或其他外部条件变化缺少对策。

（5）核心盈利业务削弱和偏离。

（6）管理层主要成员家庭出现问题。

（7）与以往合作的伙伴不再进行合作。

（8）不遵守授信的承诺。

（9）管理层能力不足或构成缺乏代表性。

（10）缺乏技术工人或有劳资争议。

（11）出现停产、半停产或经营停滞状态。

（12）业务性质、经营目标或习惯做法发生变更。

（13）主要业务数据呈现出不良的变动趋势。

（14）向不熟悉的领域拓展业务或开始在不熟悉的地区开展业务，贪大求多。

（15）不能适应市场变化或顾客需求的变化，产品积压严重。

（16）产品品种缩减，呈单一化发展态势。

（17）市场份额下降，顾客抱怨增多。

（18）存货突然增加。

（19）对存货、生产和销售的控制能力下降。

（20）对一些客户或供应商过分依赖。

（21）重要客户或供应商破产，其经济效益发生很大变化。

（22）客户主要产品价格比前一年降低 20% 以上。

（23）原材料采购量下降。

（24）生产能力利用率下降或小于 60%。

（25）工厂因不正常原因停产 1 个月。

（26）客户的分支机构发生调整，出现不合理情况。

（27）收购是出于改变财务结构，或只为控制更多资源，不是为巩固核心业务。

（28）出售、买卖主要的生产经营性固定资产。

（29）厂房、设备很久没有更新维修。

（30）项目建设工期延长，或处于停缓状态，或概预算调增。

（31）产品质量或服务水平出现下降。

（32）主要管理人员发生改变。

（33）组织形式发生变化，如租赁、分立、承办、并购、重组、联营等。

（34）管理层对外部环境反应迟缓。

（35）高级管理人员之间出现分歧和争论，或不团结。

（36）最高管理层不讲民主，听不进不同意见。

（37）管理层品行低下，缺乏修养，投机思想严重。

（38）管理层出国考察不断，桃色新闻频出。

（39）管理层注重个人享受、喜欢赌博，或经营资质太差。

（40）进行股份制改造或进行企业再造。

（41）办公室过于豪华，或贸然购建办公大楼。

（42）业务会议剧增。

（43）职工怨言增多。

（44）员工更新过快或缺员严重，中层管理较薄弱。

（45）企业资源与其业务规模不成比例。

（46）缺乏发展战略规划，或虽有规划但没有实施，或无法实施。

（47）管理层结构匹配不合理，如生产管理者多而市场拓展者少。

（48）股东、关联企业或母子公司发生了重大的不利变化。

（49）对银行态度发生变化，即突然变得过分冷淡或过分热情。

（50）突然更换法律顾问、会计师事务所，对当前的注册会计师有不满言行。

（51）向其他银行的服务请求被拒绝。

（52）在银行的存款余额或结算量持续下降。

（53）突然接到多家银行的资信咨询调查。

（54）其他银行对客户信用评级降级，或其他银行对此客户贷款急剧减少。

（55）从非银行金融单位借款显著增加。

（56）在新的银行或其他金融机构开立账户。

（57）突然提出大量资金需求。

（58）开始欠付本息。

（59）发生灾难性事件。

（60）新闻媒介披露其有不良行为。

（61）和某破产企业关系密切。

（62）工厂维护或设备管理落后。

（63）核心业务发生变动。

（64）缺乏操作控制、程序、质量控制等。

（65）主要产品线上的供货商或客户流失。

（四）道德风险预警信号

（1）提供虚假财务报表，隐瞒重大财务变动情况，提供虚假证明材料和资料。

（2）在其他金融机构存有因道德问题的违约记录。

（3）为获取贷款，随意承诺银行贷款条件而不兑现。

（4）借款单位法人代表、财务主管无还贷意识，对银行收贷人员态度恶劣、推诿、躲避、不予配合。

（5）对银行下达的贷款催收通知书不理睬、不回执；还款资金不列入企业年度还款计划。

（6）隐瞒或转移利润，用于投资或其他工程项目，而不归还银行贷款。

（7）企业利润先用于股东分红，而拖欠银行贷款本息。

（8）在财务费用已计入成本，企业又不亏损的情况下，拖欠银行贷款利息。

（9）已计提折旧，但不归还银行贷款本金。

（10）违犯财务制度，快速计提折旧，用于其他工程项目，而不归还银行贷款。

（11）在销售收入没有明显增长的情况下，管理费用等成本支出不正常大幅度增长，而不归还银行贷款本息。

（12）违反财务制度，大量计提公益金等各种福利基金，而不归还银行贷款本息。

（13）工资、奖金超过行业、地区平均标准，企业经营中挥霍浪费，而不归还银行贷款本息。

（14）在资产经营活动中，发生产权变动却不按合同约定向银行通报，造成银行债权悬空。

（15）企业负责人失踪或无法联系。

（16）客户不愿意提供与信用审核有关的文件。

（17）在没有正当理由的情况下撤回或延迟提供与财务、业务、税收或抵押担保有关的信息或要求提供的其他文件。

（18）资产或抵押品高估。

（19）客户不愿意提供过去的所得税纳税单。

（20）客户的竞争者、供货商或其他客户对授信客户产生负面评价。

（21）改变主要授信银行，向许多银行借款或不断在这些银行中间借新还旧。

（22）客户频繁更换会计人员或主要管理人员。

（23）作为被告卷入法律纠纷。

（24）发现曾有破产经历。

（25）有些债务未在资产负债表上反映或列示。

（26）客户内部或客户的审计机构使用的会计政策不够审慎。

（五）客户履约能力风险预警信号

（1）成本和费用失控。

（2）客户现金流出现问题。

（3）客户产品或服务的市场需求下降。

（4）还款记录不正常。

（5）欺诈，如在对方付款后故意不提供相应的产品或服务。

（6）弄虚作假（如伪造或涂改各种批准文件或相关业务凭证）。

（7）对传统财务分析的某些趋势，例如市场份额的快速下降未做解释。

（8）客户战略、业务或环境的重大变动。

（9）某些欺诈信号，如无法证明财务记录的合法性。

（10）财务报表披露延迟。

（11）未按合同还款。

（12）未作客户破产的应急预案。

（13）对于信息的反应迟缓。

（六）其他预警信号

（1）业务领域收缩。

（2）无核心业务并过分追求多样化。

（3）业务增长过快。

（4）市场份额下降。

第四节　重视对客户关系的管理

客户关系管理（CRM）是一种旨在改善银行与客户之间关系的新型管理机制。它基于以客户为核心的营销理论，通过围绕客户细分、服务流程再造、满足和深入挖掘客户个性化及潜在的业务需求、连接客户上下游等手段，对客户资源和与客户的交互过程实施管理。客户关系管理的核心与关键是做好银行和客户间关系的协调与管理。

客户关系管理的目的有二：一是通过规划、开发和运行客户关系管理系统，实现客户关系管理的 IT 智能化，全面提升银行对客户的服务水平，巩固已有客户，吸引更多的新客户，提升客户对银行的信任程度，增加客户的利润贡献度，增强银行的综合产出能力和整体的市场竞争能力，形成一批稳定的优质、基本客户群体；二是培养客户经理以客户为中心，以风险为基础，交叉销售银行多种产品和服务的能力。

由于全面的客户关系管理系统是建立在银行各种业务基础数据平台上的，涉及行内包括市场营销部门、业务处理部门、专业管理部门及管理层在内的各个方面，实施的广度、深度、难度较大，不可能一蹴而就。考虑到目前国内银行界尚无成功的客户关系管理案例，为顺应变革、加快建设，应本着"先简后繁、先易后难、先广度后深度、先人工后智能"的原则，分步骤实施银行的客户关系管理战略。首先是通过建立客户关系管理档案，逐步搭建起一体化、面向客户关系与过程管理的公司业务作业平台，实现客户经理对客户的管理，管理人员对客户经理的管理，银行对客户、产品与营销行为的管理，形成分行对支行、总行对分行的全行一体化集约管理。

一、客户关系管理档案内容设计的出发点

（1）按照简单实用的原则设计客户关系档案内容，档案能够提供必要的流程信息，反映相应的管理要求，实施有针对性的差异化客户服务。

（2）从档案记录中能够发现黄金客户和潜力客户，有效管理商机，增加银行收益，避免客户流失；发现、度量、识别客户潜在风险，避免最终风险的形成，并及时退出低价值客户、无价值客户。

（3）为银行产品的营销、整合、创新及市场分析留存系统科学的记录。

（4）利用档案对客户进行系统化管理，保持客户资源的稳定性与营销管理的延续性。

二、客户关系管理档案的种类

客户关系档案是客户经理培育客户的详细记载和历史记录，直接反映着客户经理的工作水平和工作成绩。客户经理应当对客户档案的形成、完整和真实负直接责任，即客户经理及时进行资料整理，负责建档，并按时间先后分门别类加以维护。客户经理还应通过追踪访问等途径及时对客户档案进行更新。

客户经理负责维护的客户档案不仅指文字档案、数据档案，还包括声像档案和电子档案。上一级客户经理或领导可直接调看档案，均应遵守保密原则。

客户档案包括两个层次：客户个别档案与客户汇总档案。每一位客户的档案都应包括三块内容：客户培育过程档案、客户信息资料档案和产品服务档案。其中产品服务档案主要由产品部门负责，但客户经理应择其主要部分复制后保存。客户汇总档案主要是指客户名册。

（一）客户培育过程档案

（1）年度客户培育计划。

（2）拜访计划与拜访总结。

（3）合作建议书。

（4）作业方案。

（5）强化客户关系的计划。

（6）客户维护访问计划。

（7）客户投诉调查处理资料。

（8）业务开展进度情况。

（9）客户发展建议、筹融资方案、行业发展报告以及客户培育与维护过程中的其他各种有价值的资料。

（二）客户基本信息档案

（1）客户基本信息表及具体调查表。

（2）客户需求资料。

（3）客户财务状况分析资料。

（4）行业与地区评价计分卡。

（5）客户价值评价报告或企业价值评价计分卡。

（6）银行与客户业务往来情况，包括各种交易记录。

（三）产品服务档案

每一种银行产品的档案都有所不同。下面以固定资产贷款为例介绍银行产品档案。固定资产贷款档案主要由借款人材料和担保人材料构成，客户经理可择其主要部分加以复印留存。

1. 借款人材料

（1）固定资产项目立项批文复印件。

（2）《投资许可证》、《建筑许可证》及《开工许可证》的复印件。

（3）国家或各级政府固定资产投资计划复印件。

（4）项目可行性评估报告。

（5）外管局批准借款外债批文复印件。

（6）设备合同或清单复印件。

（7）年检合格的企业法人营业执照复印件。

（8）企业法人代码证书复印件。

（9）法定代表人证明书复印件。

（10）法人授权委托证明书复印件。

（11）法定代表人和委托代理人身份证复印件。

（12）年检合格的贷款证复印件。

（13）近三个会计年度的财务报表和注册会计师审计报告。

（14）企业最新资信等级评估证书复印件。

（15）企业成立批文复印件及企业章程。

（16）借款人决策机构同意贷款的文件复印件。

（17）借款企业变更登记的有关资料。

（18）生产经营许可证和外汇登记证的复印件。

（19）与借款用途相关的购销合同复印件。

（20）进入呆账核销程序的相关资料。

（21）核销贷款损失申请表复印件。

（22）借款人和担保人调查报告。

2. 担保人材料

（1）年检合格的企业法人营业执照复印件。

（2）法定代表人证明书、法人授权委托证明书和企业法人代码证书的复印件。

（3）法定代表人和委托代理人身份证复印件。

（4）年检合格的贷款证复印件。

（5）近三个会计年度的财务报表和注册会计师审计报告。

（6）企业成立批文复印件及企业章程。

（7）董事会或类似决策机构同意担保的决议复印件。

三、客户经理在客户关系档案建立过程中的职责

（一）定期填制、更新档案和及时反映客户需求

客户经理要与客户保持多渠道的充分沟通，在建立和巩固客户关系的过程中需按时填写不同表格。利用档案表格的不同流程模型，尽可能多地记录与客户的各种重要联系，反映客户需求。

（二）及时对档案进行检查、统计分析

客户经理要对客户关系管理档案定期统计分析，进行阶段性总结，对客户关系管理档案中反映出的问题和商机及时响应。对于问题，要马上着手研究解决。对于商机，要调配资源来满足目标客户的需求。如解决不了，要及时向上级反映。客户经理应将后续结果补充记录在档案中。

（三）重视对档案的成果运用

以客户关系管理档案为基础，实现对现有客户资源的合理配置，为不同层次的客户群体提供差别化、特色化服务，使银行对客户的拓展和服务真正实现从所有客户服务的一致性转向重点服务优质客户、高效益客户，逐步优化银行客户的结构，提高银行各项业务的经营效益。

四、客户关系档案的保管

随着计算机的普及应用，在计算机上保存档案不仅变得越来越简单，而且查询起来也非常方便，因而得到越来越多客户关系档案管理者的认可。但我要说的是，不管计算机保管电子档案多么便捷、实用，最好还是按照一定标准（年份、客户类别等）装订一份纸质档案，以便和电子档案互相备份。

后　记

　　为银行从业人员编写一套实用性较强的营销类图书，是我多年来的心愿。当这个心愿终于完成的时候，原以为会心潮澎湃，没想到内心却出奇的平静。关于业务方面的事，在这套书中，我能说到的，基本上都力所能及地说到了。作为后记，还是聊些别的吧。

　　自1997年博士毕业至今，将近20年了，俯仰之际，韶华尽逝，我的心境也在不知不觉中发生了重大变化。曾经的希冀早已不在，躁动的内心也已平复，只有奋力写作时才能依稀看到那个曾经努力追求、不敢懈怠的自己。从第一本关于银行营销的专著出版，到今天这套丛书的最终完稿，既为兴趣、责任所驱使，又属"寄兴托益"之作。此时最希望表达的，当是对许多人的谢意。

　　我要感谢我的家人。父母亲对我关爱有加、呵护倍至、以我为豪，二老恭俭仁爱、勤劳善良、与人为善，影响我终生。我与爱人田一恒相识、相恋于学校，相倚、相扶于社会，我们鹣鲽情深、恩爱逾常，她是我今生的最爱。宝贝女儿宋雨轩从出生给我们的家庭带来了无尽的生机与快乐，成为我们夫妻今生和睦如初、努力进取的不尽源泉。现在孩子已是一名中学生了，衷心希望她能一如既往地健康成长，在人生之路努力追求、勤奋耕耘，不断取得进步，对人生抱以积极向上、乐观豁达的态度，也对社会做出持续多样、价值颇大的贡献。

　　我要感谢我学生时代的各位老师，他们让我经常回忆起那登攀书山、泛舟学海、无所顾虑、力争上游的求学好时光。尤其我的博士导师吴世经先生，他在新中国成立前就很知名，在20世纪八九十年代的国内工商管理教育界德高望重，但他并不因为我没有背景、当时仅仅是个 23 岁的年轻人就拒绝录取。永远忘不了先生冬日里在膝盖上盖个小毛毯，在家中手捧英文原版营销学教材为我一人讲课的情景。"云山苍苍，江水泱泱。先生之风，山高水长"，先生在我毕业不久就仙逝了，但先生逝而不朽、逾远弥存。我想只有继承了先生的品格，才是对先生最好的报答。

我要感谢参加工作以来遇到的各位好领导、好同事。高云龙先生是清华大学博士，多年来担任政府高官和企业高管，他节高礼下、修身施事、学识渊博、思路开阔，待人接物充满君子之风，德才雅望、足为人法、俊采豁范、堪为人效。吴富林先生是复旦大学博士，多年来担任金融企业高管，他理论素养丰厚、实践经验丰富、德行为同人所敬仰，做事为人，亦皆所称誉，其言约而蔼如，其文简而意深，吾辈望之弥高而莫逮。此外，尚有余龙文、张岚、王廷科、阎桂军、李晓远、孙强、张敬才、孙晓君、周君、宁咏、赵红石、陈凯慧、韩学智、黄学军、王正明、周江涛、宋亮、丁树博、王浩、陈久宁、王鹏虎、赵建华、耿黎、申秀文、郝晓强、张云、秦国楼、李朝霞、杨超、李旭、王秋阳诸君，这样的名单还可列出一长串。从他们身上，我学到很多东西。

我要感谢经济管理出版社的谭伟同志。我和他几乎同时参加工作，我的博士论文就是在他的青睐下公开出版的。这些年来，他经常督促我把所思所想记录下来并整理成书出版。在书籍撰写和学术交流中，我们成了很好的朋友。

借本套丛书出版的机会，对所有曾经关心过我及这套丛书的朋友，以及为写作本书而参考的众多书目的作者，我也致以衷心地感谢。希望通过这套丛书的出版，能够结识更多的朋友。我一如既往地欢迎各位读者朋友与我联系、交流。我的联系电话常年不变：13511071933；E－mail：songbf@ bj. ebchina. com。

我还要感谢为本丛书出版而辛苦、细致工作的各位编辑，没有他们的努力，这套丛书也不可能如此迅速且高质量地面世。

"年寿有时而尽，荣乐止乎其身，二者必至之常期，未若文章之无穷。"对于古人如此情怀，我虽不能至，但心向往之。我深知我所撰之书，无资格藏之名山，但能收之同好，心愿足矣！

岁月不居，时节如流。四十又三，忽焉已至。"浮生若梦，为欢几何?"人之相与，俯仰一世，如白驹过隙。转瞬之间、不知不觉中我渐渐变成了我曾经反对的那个人。有感于斯，就把这套丛书献给自己吧，就算是送给自己进入不惑之年的一份礼物，也算是对已逝时光的一种追忆。

"往者不可谏，来者犹可追。"多年来的读书生涯，让我养成了对"问题研究"的"路径依赖"。作为一名金融从业者，我会继续以我的所知、所悟、所想、所做，帮助银行从业人员更加卓有成效地开展工作。就我个人而言，东隅已逝、桑榆未晚，我将秉承知书、知耻、知乐、知足的"四知"理念，积极探究未知领域，讲求礼义廉耻、为适而安，努力向上。

言有尽而情无终，唯愿读者安好！

宋炳方

2014 年 3 月

图书在版编目（CIP）数据

营销流程与技巧/宋炳方著 . —北京：经济管理出版社，2014.10
ISBN 978 - 7 - 5096 - 3336 - 6

Ⅰ.①营…　Ⅱ.①宋…　Ⅲ.①营销　Ⅳ.①F713.3

中国版本图书馆 CIP 数据核字（2014）第 201391 号

组稿编辑：谭　伟
责任编辑：谭　伟　王　琰
责任印制：黄章平
责任校对：张　青

出版发行：经济管理出版社
　　　　　（北京市海淀区北蜂窝 8 号中雅大厦 A 座 11 层　100038）
网　　　址：www. E - mp. com. cn
电　　　话：（010）51915602
印　　　刷：北京银祥印刷厂
经　　　销：新华书店
开　　　本：720mm×1000mm/16
印　　　张：20.25
字　　　数：321 千字
版　　　次：2014 年 11 月第 1 版　2014 年 11 月第 1 次印刷
书　　　号：ISBN 978 - 7 - 5096 - 3336 - 6
定　　　价：48.00 元